广州城市智库丛书

绿色金融发展及广州对策

庄德栋 ◎ 著

中国社会科学出版社

图书在版编目（CIP）数据

绿色金融发展及广州对策／庄德栋著 . —北京：中国社会科学出版社，2022.8
（广州城市智库丛书）

ISBN 978 - 7 - 5227 - 0651 - 1

Ⅰ.①绿…　Ⅱ.①庄…　Ⅲ.①金融业—绿色经济—经济发展—研究—广州
Ⅳ.①F832.765.1

中国版本图书馆 CIP 数据核字 (2022) 第 137010 号

出 版 人	赵剑英
责任编辑	喻　苗
责任校对	任晓晓
责任印制	王　超

出　　版	中国社会科学出版社
社　　址	北京鼓楼西大街甲 158 号
邮　　编	100720
网　　址	http://www.csspw.cn
发 行 部	010 - 84083685
门 市 部	010 - 84029450
经　　销	新华书店及其他书店

印　　刷	北京明恒达印务有限公司
装　　订	廊坊市广阳区广增装订厂
版　　次	2022 年 8 月第 1 版
印　　次	2022 年 8 月第 1 次印刷

开　　本	710×1000　1/16
印　　张	15.25
字　　数	212 千字
定　　价	85.00 元

总　序

何谓智库？一般理解，智库是生产思想和传播智慧的专门机构。但是，生产思想产品的机构和行业不少，智库因何而存在，它的独特价值和主体功能体现在哪里？再深一层说，同为生产思想产品，每家智库的性质、定位、结构、功能各不相同，一家智库的生产方式、组织形式、产品内容和传播渠道又该如何界定？这些问题看似简单，实际上直接决定着一家智库的立身之本和发展之道，是必须首先回答清楚的根本问题。

从属性和功能上说，智库不是一般意义上的学术团体，也不是传统意义上的哲学社会科学研究机构，更不是所谓的"出点子""眉头一皱，计上心来"的术士俱乐部。概括起来，智库应具备三个基本要素：第一，要有明确目标，就是出思想、出成果，影响决策、服务决策，它是奔着决策去的；第二，要有主攻方向，就是某一领域、某个区域的重大理论和现实问题，它是直面重大问题的；第三，要有具体服务对象，就是某个层级、某个方面的决策者和政策制定者，它是择木而栖的。当然，智库的功能具有延展性、价值具有外溢性，但如果背离本质属性、偏离基本航向，智库必会惘然自失，甚至可有可无。因此，推动智库建设，既要遵循智库发展的一般规律，又要突出个体存在的特殊价值。也就是说，智库要区别于搞学科建设或教材体系的大学和一般学术研究机构，它重在综合运用理论和知识分析研判重大问题，这是对智库建设的一般要求；同时，具体到一家智库个体，又要依据自身独一无二的性质、类型和定位，塑造独特个性和鲜明风格，占据真正属于自己的空间和制高点，这是智库独立和自立的根本标志。当前，智库建设的理论和政策不一而足，实践探索也呈现出八仙过海之势，这当然有利于形成智库界的时代标签和身份识别，但在热情高涨、高歌猛进的大时代，也容易盲目跟风、漫天飞舞，以致破坏本就脆弱的智库生态。所以，我们可能还要保持一点冷静，从战略上认真思考智库到底应该怎么建，社科院智库应该怎么建，城市社科院智库又应该怎么建。

广州市社会科学院建院时间不短，在改革发展上也曾经历曲折艰难探索，但对于如何建设一所拿得起、顶得上、叫得响的新型城市智库，仍是一个崭新的时代课题。近几年，我们全面分析研判新型智库发展方向、趋势和规律，认真学习借鉴国内外智库建设的有益经验，对标全球城市未来演变态势和广州重大战略需求，深刻检视自身发展阶段和先天禀赋、后天条件，确定了建成市委、市政府用得上、人民群众信得过、具有一定国际影响力和品牌知名度的新型城市智库的战略目标。围绕实现这个战略目标，边探索边思考、边实践边总结，初步形成了"1122335"的一套工作思路：明确一个立院之本，即坚持研究广州、服务决策的宗旨；明确一个主攻方向，即以决策研究咨询为主攻方向；坚持两个导向，即研究的目标导向和问题导向；提升两个能力，即综合研判能力和战略谋划能力；确立三个定位，即马克思主义重要理论阵地、党的意识形态工作重镇和新型城市智库；瞄准三大发展愿景，即创造战略性思想、构建枢纽型格局和打造国际化平台；发挥五大功能，即咨政建言、理论创新、舆论引导、公众服务、国际交往。很显然，未来，面对世界高度分化又高度整合的时代矛盾，我们跟不上、不适应的感觉将长期存在。由于世界变化的不确定性，没有耐力的人常会感到身不由己、力不从心，唯有坚信事在人为、功在不舍的自觉自愿者，才会一直追逐梦想直至抵达理想的彼岸。正如习近平总书记在哲学社会科学工作座谈会上的讲话中指出的，"这是一个需要理论而且一定能够产生理论的时代，这是一个需要思想而且一定能够产生思想的时代。我们不能辜负了这个时代"。作为以生产思想和知识自期自许的智库，我们确实应该树立起具有标杆意义的目标，并且为之不懈努力。

智库风采千姿百态，但立足点还是在提高研究质量、推动内容创新上。有组织地开展重大课题研究是广州市社会科学院提高研究质量、推动内容创新的尝试，也算是一个创举。总的考虑是，加强顶层设计、统筹协调和分类指导，突出优势和特色，形成系统化设计、专业化支撑、特色化配套、集成化创新的重大课题研究体系。这项工作由院统筹组织。在课题选项上，每个研究团队围绕广州城市发展战略需求和经济社会发展中重大理论与现实问题，结合各自业务专长和学术积累，每年年初提出一个重大课题项目，经院内外专家三轮论证评析后，院里正式决定立项。在课题管理上，要求从基本逻辑与文字表达、基础理论与实践探索、实地调研与方法集成、综合研判与战略谋划等方面反复打磨锤炼，结项仍然要经过三轮评审，并集中举行重大课题成果发布会。在成果转化应用上，建设"研究专报＋刊物发表＋成果发布＋媒体宣传＋著作出版"组合式转化传播平台，形成延伸转化、彼此补充、互相支撑的系列成果。自2016年以来，广州市社会科学院已组织开展40多项重大课题研究，积累了一批具有一定学术价值和应用价值的研究成果，这些成果绝大部分以专报方式呈送市委、市政府作为决策参考，对广州城市发展产生了积极影响，有些内容经媒体宣传报道，也产生了一定的社会影响。我们认为，遴选一些质量较高、符合出版要求的研究成果统一出版，既可以记录我们成长的足迹，也能为关注城市问题和广州实践的各界人士提供一个观察窗口，是很有意义的一件事情。因此，我们充满底气地策划出版了这套智库丛书，并且希望将这项工作常态化、制度化，在智库建设实践中形成一条兼具地方特色和时代特点的景观带。

感谢同事们的辛勤劳作。他们的执着和奉献不但升华了自我，也点亮了一座城市通向未来的智慧之光。

广州市社会科学院党组书记、院长

张跃国

2018 年 12 月 3 日

前　言

　　生态文明建设是中国经济社会发展重要的组成部分。党的十八大报告站在全局和战略的高度，首次提出生态文明建设，强调"生态文明建设要节约资源、保护环境。以坚持节约优先、保护优先、自然恢复为基本原则，持续推进经济社会绿色发展、循环发展、低碳发展，形成节约资源和保护环境的空间格局、产业结构、生产方式及生活方式，从根本上扭转生态环境恶化趋势，为社会生产生活创造良好环境，同时也为全球生态安全做出贡献"，提出"生态文明建设是中国特色社会主义事业的重要内容，是中国当下和未来发展的重要组成部分，它不仅关系到人民福祉，关乎民族未来，而且还事关'两个一百年'奋斗目标和中华民族伟大复兴中国梦的实现"，同时还指出"要把生态文明建设摆在突出位置，积极应对资源约束趋紧、环境污染严重、生态系统退化的严峻挑战，深刻认识并秉持尊重自然、顺应自然、保护自然的生态文明理念，把生态文明建设全面融入经济建设、政治建设、文化建设、社会建设各方面和全过程"。为进一步推进生态文明建设，国家出台了很多政策措施。2015 年 5 月 5 日，国务院出台了《关于加快推进生态文明建设的意见》，强调"加快推进生态文明建设是加快转变经济发展方式、提高发展质量和效益的内在要求，是坚持以人为本、促进社会和谐的必然选择，是全面建成小康社会、实现中华民族伟大复兴中国梦的时代抉择，是积极应对气候变化、维护全球生态安全的重大举措"。同年10月，增强生态文明建设首度被写入国家五年规划。党的十九大报告进一步指出，"加快生态文明体制改革，建设美丽中国"，同时提出"构建市场导向的绿色技术创新体系，发展绿色金融，壮大节能环保产业、清洁生产产业、清洁能源产业"。

　　金融作为现代经济发展的核心，对推动生态文明建设意义重大。绿色金融是指金融部门在为经济社会发展提供资金融通的同时，兼顾投融资决策对环境可能造成的影响，并引导资源配置到环境友好型领域，推动社会绿色低碳和可持续发展。因此，促进绿色金融发展对全面建设生态文明具有重大意义。发展绿色金融，是促进产业绿色转型升级的必然要求，是深化供给侧结构性改革、促进经济高质量发展、建设生态文明和实现中国国家自主贡献目标的内在需要。推动绿色金融发展，能引导各种资源投向绿色产业，促进绿色技术不断创新，从而使绿色产业能够获得规模经济效益，形成产业资本由"两高"产业向"两低"绿色产业发展的良好局面。具体而言，绿色金融是将环境成本纳入融资成本中，通过增加污染环境融资成本或降低绿色项目融资成本，以提高污染企业成本或降低绿色项目成本来影响投资经营决策，从而改变破坏环境行为或激励绿色发展。具体是通过资金规模和定价、授信额度和期限、风险管理和控制等加大资金调配力度，引导更多资源进入绿色企业或绿色项目，推动社会绿色转型发展。绿色金融对深化供给侧结构性改革，完善供给体制，提供有效供给和中高端供给，减少死账、坏账，促进实体经济与虚拟经济融合发展具有重要作用。发展绿色金融市场和体系，有助于环保、新能源、节能等行业扩宽融资渠道和降低融资成本，提高实体经济融资效率，培育新的经济增长点，促进绿色经济稳定增长。在新发展格局下，经济社会的全面绿色转型，绿色金融有更大发展空间。总之，绿色金融发展能够促进绿色产业发展，实现绿色低碳生活方式转变，有效降低环境代价，缓解推动社会发展与资源环境有限之间的矛盾。

2020 年 9 月 22 日，习近平主席向全世界庄严宣布"中国二氧化碳排放将于 2030 年达到峰值，努力争取 2060 年前实现碳中和"。中国提出"双碳"目标，是人与自然和谐的可生存发展做出极大的牺牲。中国是在 1949 年后才建立了完整的工业体系，工业发展还不到一百年。中国整个的煤储量占全球煤储量的 50%，在这种情况下我们庄严地宣布"30·60"碳达峰碳中和目标，体现了中国大国担当和最大诚意和付出。2020 年 10 月 6 日，在习近平主席庄严宣布的带动下，欧盟宣布要到 2030 年在原有 1990 年减排 40% 任务基础上进一步下降到 60%，日本随后也宣布要在 2050 年达到碳中和，韩国也同时宣布要在 2050 年达到碳中和。全球绿色发展复苏，正在成为大趋势，并将为应对全球环境和气候变化提供发展机遇。

在《中共中央关于制定国民经济和社会发展第十四个五年规划和二〇三五年远景目标的建议》中，首次对绿色发展给出明确的领域定义，指出"绿色发展核心是绿色低碳发展，前提是环境质量持续改善，基础是提升生态系统质量和稳定，并全面支持提高自然资源利用效率"。从此，绿色金融支持绿色发展有了明确的目标和考核的基础。

2020 年 12 月 12 日，中国宣布国家自主贡献一系列新举措，进一步明确："到 2030 年，中国单位国内生产总值二氧化碳排放将比 2005 年下降 65% 以上，非化石能源占一次能源消费比重将达到 25% 左右，森林蓄积量将比 2005 年增加 60 亿立方米，风电、太阳能发电总装机容量将达到 12 亿千瓦以上。"中国作为全世界第二大经济体、最大出口国与最大能源消费国，在全球绿色低碳转型进程中处于举足轻重的位置。同时中国又是一个负责任的大国，在助力《巴黎协定》、构建人类命运共同体上体现担当，为应对全球气候挑战贡献力量。

专家预测，实现碳达峰和碳中和将需要数百万亿元的绿色投资。目前从国家到地方正积极出台各项政策，充分发挥绿色金融支持绿色复苏的重要作用，继续完善绿色金融顶层设计，丰富绿色金融支持政策工具箱；创新发展绿色金融，支持实现"30·60目标"等。

经过近几年大力发展，国内绿色金融市场规模快速增长，产品和服务创新不断涌现。数据显示，国内本外币绿色贷款余额截至2020年第三季度末达到11.55万亿元，存量规模居世界第一位；绿色债券存量规模截至2020年6月末达到1.2万亿元，居世界第二位。2020年7月，国家绿色发展基金正式成立，首期总规模885亿元。整体上说，绿色金融资产质量良好，截至目前，绿色贷款的不良率远低于全国商业银行不良贷款率，而且绿色债券没有违约案例。但绿色金融发展仍面临很多难题，如环保意识淡薄、政策有待完善、绿色标准不统一不规范、产品不够丰富等。

展望未来，我们需要携手并进，在百年未有之大变局中准确识变、科学应变、主动求变，在服务新发展格局中顺势而为、奋力前行，持续推动中国绿色金融创新发展。

本书对绿色金融的发展背景、相关内涵及相关理论进行了梳理，阐述了绿色金融各类产品特点以及国外实践启示，分析了国内外绿色金融发展历程、现状以及总结相关经验，在此基础上，重点分析广州绿色金融的发展现状、成效与创新、存在问题与挑战，并提出对策与建议，为推进广州绿色金融发展提供借鉴与决策参考。本书建议广州应围绕国家碳达峰碳中和重大决策部署，为实现广州碳达峰碳中和目标，通过多策并举，持续推进绿色金融创新发展。重点要加大宣传力度，提升绿色金融战略意义的认识；完善发展绿色金融的配套政策措施及激励机制；建立绿色金融改革创新的服务体系；创新绿色金融产品及服务，加强绿色金融信息披露和风险防范；深化粤港澳大湾区绿色金融合作；不断优化绿色金融复合型人才队伍建设。

本书是广州市社会科学院 2020 年度广州城市智库丛书课题成果。在课题立项、研究和写作过程中，得到了院领导、院学术委员、科研处的大力支持和帮助，在此表示衷心感谢。

由于写作水平有限和成稿时间仓促，本书撰写过程中难免有失误和错漏之处，恳请各位读者批评指正。

目　　录

第一章　绿色金融概述

第一节　发展绿色金融的背景、意义和挑战

一　发展绿色金融的背景

（一）环境污染形势严峻

绿色金融是为了应对日益严峻的环境污染而出现的。《全球环境展望》（第6期）指出地球环境污染形势危急，对人类健康的危险日渐加剧，假如不立即采取紧急措施，到2050年，污染物质将影响人类的生育能力和神经发育，在亚洲、中东和非洲地区造成数百万人过早死亡。这份由全球70多个国家的250名科学家共同编制的报告指出，按照目前的进度，全球将无法在2030年或是2050年实现可持续发展目标，淡水系统的污染将使微生物耐药性成为主要的致死原因，而污染物中的内分泌干扰物质则会影响人类的生育能力和儿童的神经发育。报告同时强调，如果各国将国内生产总值的2%用于绿色投资，就将带来与目前与预期水平相当的经济增长，同时减少对气候、水资源以及生态系统的不利影响。

1. 全球环境现状

报告对当前环境状态进行了详细的阐述，重点介绍了目前空气、生物多样性、海洋和沿海地区、土地和土壤、淡水以及资源和材料情况。人类活动产生的排放继续改变大气成分，导

致空气污染、气候变化、平流层臭氧被消耗，并导致人们接触到具有持久性、生物蓄积性和毒性的化学品。空气污染属于非常严重的环境污染，能给全球带来巨大的疾病负担，全球每年平均都会有 600 万到 700 万人因空气污染而过早死亡，福利损失高达 5 万亿美元。一些出现快速城市化趋势的国家的城市居民以及依赖燃烧木材、煤炭、农作物残渣、粪便和煤油等燃料用于烹饪、取暖和照明的约 30 亿人接触空气污染，尤其是细颗粒物的程度最高。老年人、儿童、病人和贫困者更容易受到空气污染的影响。Chen et al. 重点分析了中国空气污染对人类健康造成的影响。在这篇文章中采用了断点回归模型，对空气污染与预期寿命之间的关系进行分析，结果发现，淮河以北的众多城市因为受到中央集中供暖的影响，空气中悬浮着大量颗粒物，极大地减少了当地群众的预期寿命，跟南方地区相比，中国北方地区的平均寿命要少 5.5 年。[1] 尽管这篇文章的数据和方法存在争议，但印证了悬浮颗粒物（雾霾）对人身体健康的严重伤害。然而从全球范围看，某些部门和区域的本地空气污染物排放趋势减弱被其他部门和区域的更大幅度的增长抵消，后者包括一些高速增长的发展中国家和快速城市化的地区。因此，减少全球空气污染必须依靠绿色金融提升环境友好型投资和抑制污染型投资。此外，尽管世界许多地区开展了缓解活动，但全球人为温室气体排放量上升并已经对气候造成影响。自 1880 年以来，全球平均地表温度上升了 0.8 至 1.2 摄氏度。有记录的十个最热年份中有八个发生在过去十年。根据预测，2030—2052 年全球平均气温可能上升 1.5 摄氏度。如果温室气体仍随意排放，全球平均气温将会继续上升甚至会超过预测值。各国

---

[1] Chen Y., Ebenstein A., Greenstone M., et al., "Evidence on the impact of sustained exposure to air pollution on life expectancy from China's Huai River policy", *Proceedings of the National Academy of Sciences*, Vol. 110, No. 32, 2013, p. 12936.

在《巴黎协定》中承诺把全球平均气温相对工业化前水平的升幅控制在 2 摄氏度以内，并争取将相对工业化前水平的升温幅度限制在 1.5 摄氏度以内。根据中国人民大学能源与气候经济学项目组的测算，2 摄氏度目标下，全球 2011—2050 年的累计二氧化碳排放量为 9600（6700—12900）亿吨，2011—2100 年的累计二氧化碳排放量为 10200（6900—12500）亿吨，下半世纪需要实现碳中和。1.5 摄氏度目标下，全球 2011—2050 年的累计二氧化碳排放量为 6900（5400—8500）亿吨，2011—2100 年的累计二氧化碳排放量为 4700（1600—5800）亿吨。可见，按照《巴黎协定》要实现将全球温升控制在 2 摄氏度，甚至是 1.5 摄氏度的目标，对 21 世纪内全球累计碳排放空间、关键时点减排目标、近期减排力度以及实现碳中和时间都提出了很高要求，迫切需要增加对低碳产业等绿色产业投资。

严重的物种灭绝现象正在发生，这会损害地球的完整性和地球满足人类需求的能力。生物多样性是指遗传、物种和生态系统层面的生物多样性。它有助于调节气候、过滤空气和水，形成土壤，并减轻自然灾害的影响。它还提供木材、鱼类、作物、授粉、生态旅游、药物以及身体和精神健康方面的惠益。环境与人类健康之间有着千丝万缕的联系，许多新出现的传染病都受到对生物多样性造成影响的各种活动的驱动。景观的改变（例如通过自然资源的开采和利用）可以导致野生生物、家畜、植物和人类出现疾病。人畜共患病估计占人类传染病的 60% 以上。2003 年的 SARS 以及 2020 年出现的新型冠状病毒感染的肺炎就很可能是生物多样性被破坏的结果：野生动物的栖息地减少，导致野生动物不得不接近人类居住地，进而传播人畜共患病毒。截至 2020 年 8 月 1 日，全球新冠肺炎确诊接近 600 万例，死亡人数高达 60 万，其中美国疫情最为严重，现有确诊约 224 万例，累计死亡 15.7 万人。同时，新冠肺炎疫情造

成全球大部分地区经济停摆，其最终的负面影响可能超过 2008
年的国际金融危机带来的负面影响。例如，美国在 2020 年第二
季度，GDP 环比折合年率初值降低了 32.9%，为有史以来降幅
最大。此外，遗传多样性正受到威胁，并影响到粮食安全和生
态系统的复原力，包括农业系统和粮食安全；物种种群正在减
少，物种灭绝速度也在上升；生态系统的完整性和各种功能正
在衰退；本地和非本地入侵物种威胁到生态系统、生境和其他
物种，每年的直接和间接经济成本高达数十亿美元。尽管养护
生物多样性对经济、公民健康具有强的正外部性，但是外部性
在竞争性市场下一般无法以"价格"的形式表现，因而无法引
导私人资本流向保护生态系统的产业。绿色金融能够将此类外
部性内部化，吸引私人资本投资。

人口增长、城市化、水污染和不可持续的发展都使全球的
水资源承受越来越大的压力，而气候变化加剧了这种压力。在
大多区域，水资源短缺、干旱和饥荒等缓慢发生的灾害导致移
民增加。受到严重风暴和洪水的影响的人也越来越多。2020 年
中国南方发生的严重的洪涝灾害就是一个鲜明的例子：从进入
汛期开始，中国南方地区多次出现强降雨，很多城市都出现了
严重的洪涝灾害。水利部调查发现，一直到 2020 年的 6 月末，
中国有 16 个省份的 198 条河流的洪水超过了警戒线，跟往年同
一时期相比，水量明显增多。全球变暖导致冰川和积雪融化情
况日益严重，将影响区域和季节性水供应，特别是在亚洲和拉
丁美洲的河流，这些河流为全球约 20% 的人口供水。全球水循
环的改变，包括极端事件，正在造成水量和水质问题，其影响
在全世界分布不均。在大多数区域，自 1990 年以来，由于有机
和化学污染，如病原体、营养物、农药、沉积物、重金属、塑
料和微塑料废物、持久性有机污染物以及含盐物质，水质开始
显著恶化。约为 23 亿人仍然无法获得安全的卫生设施。每年约

有140万人死于可预防的疾病，如腹泻和肠道寄生虫引发的各类疾病，这些疾病与饮用水受到病原体污染以及卫生设施不足有关。如果不采取有效的应对措施，到2050年，对微生物药物具有耐药性的细菌感染导致的人类疾病可能成为全球传染病致死的重要原因。水在这方面起着关键作用，因为世界各地经处理的饮用水发现了对抗微生物药物具有耐药性的细菌，其源于通过生活污水和工业废水处理、农业、集约化牲畜饲养和水产养殖进入水循环的抗生素。此外，各种内分泌干扰化学品现在广泛分布于各大洲的淡水系统，造成胎儿发育不良和男性不育等长期影响。

2. 中国环境现状

根据《2018年中国生态环境状况公报》，在习近平新时代中国特色社会主义思想的指导下，全国各地区和部门积极将党的十九大、十九届二中、三中全会精神落到实处，以习近平生态文明建设思想为核心，全面提升全国生态环境质量，坚持点面结合、稳步前进、统筹兼顾，为污染防治工作奠定良好的基础。然而，目前中国环境污染形势仍然十分严峻。

在空气质量方面，2018年，在中国338个地级（含）以上的城市（下面用338个城市统一代替）中，环境空气质量达到标准的只有121个，在所有城市中占比达到了35.8%，和2017年相比增加了6.5个百分点；空气质量超标的城市有217个，在所有城市中占了64.2%的比重。在338个城市中，发生重度污染1899天次，严重污染822天次，跟2017年相比多了20天。以PM2.5为主要污染物的天数占所有的重度（含）以上污染天数比重为60%，以PM10为主要污染物的天数也占了37.2%的比重，以O_3为主要污染物的天数占了3.6%的比重。酸雨区面积约53万平方千米，占国土面积的5.5%，在中国的国土面积中，有0.6%的地区酸雨情况比较严重。中国长江以南到云贵高原以东的范围，是主要的酸雨污染区，比如上海、浙江、福建北部、广东中部、湖南中部和东部、重庆南部等地区。

在淡水方面，在 2018 年，中国监测了 1935 个地表水水质断面，其中有 71% 为 I 类到 III 类，劣 V 类比例为 6.7%。① 换言之，接近 29.0% 的地表水点位的水质不适合作为饮用水或渔业用水；国内七大流域（包括黄河、长江、松花江等）以及诸多河流（包括浙闽片河流、西北地区等）的 1613 个水质断面监测结果显示，有接近 25.8% 的流域点位的水质不适合作为饮用水或渔业用水（其中有 5% 为 I 类，43% 为 II 类。26.3% 为 III 类，14.4% 为 IV 类，4.5% 为 V 类，6.9% 为劣 V 类）；在监测水质的 111 个重要湖泊（水库）中，IV 类及以上的水质达 37 个，占 33.3%，轻中度富营养状态的 31 个，占 29.0%；在全国 10168 个国家级地下水水质监测点中，不适合作为饮用水或渔业用水的高达 86.2%；在上述 338 个城市中，总共监测到了 906 个集中式生活饮用水水源断面，其中全年达标的有 814 个，在所有城市中占了 89.8% 的比重。

在土地方面，全国首次水利普查结果显示，中国有 294.9 万平方千米的侵蚀土壤，占普查总面积的 31.1%。其中，有 129.3 万平方千米为水力侵蚀，有 165.6 万平方千米为风力侵蚀；中国荒漠化与沙化第 5 次检测结果显示，中国总共有 261.16 万平方千米的荒漠化土地，另外还有 172.12 万平方千米的沙化土地。

（二）环保投资需求正不断扩大

环境可持续发展需要大量投资。当前，对于全球可持续发

---

① I、II 类水质可用于饮用水源一级保护区、珍稀水生生物栖息地、鱼虾类产卵地、仔稚幼鱼的索饵场等；III 类水质可用于饮用水源二级保护区、鱼虾越冬场、洄游通道、水产养殖区、游泳区；IV 类水质可用于一般工业用水和人体非直接接触的娱乐用水；V 类水质可用于土地用水及一般景观用水；劣 V 类水质除调节局部气候外，几乎无使用功能。

展的融资需求尚未有系统性估算，也缺乏绿色金融活动在全球范围内的流量指标。不过，世界银行、国际能源机构、世界经济论坛、经合组织等的研究结果显示，在接下来的 10 年，世界范围内在能源、污染防治、建筑等绿色领域，需要的投资额将会达到几十万亿美元。① 陈吉宁指出，在接下来的几年，中国在环保方面将会产生极大的投资需求，所需投资额将会达到 8 万亿元甚至是 10 万亿元，并且这些投资中不会涉及重复建设，能为中国带来长期的利益。② 我国在 2015 年制定了"水十条"其中明确规定，到 2020 年的 5 年期间内，我国在水污染治理方面至少需要投入 4 万到 5 万亿元的资金。③

中国的绿色投融资资金来自六个领域：可持续能源、基础设施建设、环境修复、工业污染治理、能源与资源节约、绿色产品。《2019 中国绿色金融发展研究报告》基于中国 2017—2018 年绿色投融资资金总量情况，结合国家出台的相关政策和法律法规对 2019 年各领域绿色投融资资金量做出预测，认为 2019 年绿色投融资资金总量将达到 25054.69 亿元，同比增加 669 亿元。具体而言，清洁和可再生能源（电力）、工业废水治理、工业固体废物治理、城镇排水、城镇供水、工商业场地修复、耕地土壤修复及新能源汽车的投融资资金需求将会上升，生物能（非电力）、工业废气治理、城市生活垃圾处理、城市轨道交通、地下水修复、节能、节水以及绿色建筑的投融资资金需求将会下降。其中，工业废水治理、工商业场地修复和耕地土壤修复投融资资金需求的增幅显著，而生物能（非电力）、城

---

① G20 绿色金融研究小组：《2017 年 G20 绿色金融综合报告》，2021 年 11 月 15 日，中国人民银行网站（http://www.pbc.gov.cn/goutongjiaoliu/113456/113469/3344238/index.html）。

② 《环保部部长陈吉宁答记者问（全文）》，2015 年 3 月 10 日，凤凰网，https://finance.ifeng.com/a/20150310/13542968_0.shtml.

③ 蓝虹、任子平：《建构以 PPP 环保产业基金为基础的绿色金融创新体系》，《环境保护》2015 年第 8 期。

市生活垃圾处理、工业废气治理和节水的投融资资金需求有了明显的下降（见表1－1）。

表1－1　　　　　　　中国绿色投融资资金总量　　　　（单位：亿元）

领域	类别	2017 年	2018 年	2019 年
可持续能源	清洁和可再生能源（电力）	8738	5976	7302
	生物能（非电力）	700	1000	454.7
工业污染治理	工业废水治理	76.4	137	837.9
	工业废气治理	604	1686.7	930.2
	工业固体废物治理	12.7	17.6	37.1
基础设施建设（环境保护）	城镇排水	242	1189	1923
	城镇供水	806.4	814.7	931.1
	城市生活垃圾处理	16.38	180.18	88.14
	城市轨道交通	5045.2	4226.3	3217.8
环境修复	工商业场地修复	50	70	401
	耕地土壤修复	536	335	938
	地下水修复	564.9	634.2	539.7
能源与资源节约	节能	1517	1652	1012
	节水	1476.13	1477.82	886.51
绿色产品	绿色建筑	315.86	326.64	281.14
	新能源汽车	908.75	4662.40	5274.40
合计		21609.72	24385.54	25054.69

资料来源：马中、周月秋：《中国绿色金融发展报告（2019）》，中国金融出版社2019年版。

（三）金融业需考虑项目的环境风险

金融业在发挥投融资功能时需要将项目的环境风险考虑在内。尽管就金融业自身的活动性质来说，它是一个环境安全的行业，但它的环境风险主要来自对具有环境风险的企业和项目的信贷投资活动所带来的连带风险或者说是间接风险。[1] 例如，

---

[1]　朱红伟：《"绿色信贷"与信贷投资中的环境风险》，《华北金融》2008 年第 5 期。

当项目对环境造成损害而被相关政府部门强迫关停或罚款时，将会降低相关经营企业的盈利能力，从而导致金融部门无法收回足够投资，面临着坏账的风险。间接风险有 3 个：首先是信贷风险，由于减排成本、环境变化等因素的影响，银行的贷款客户业务会间接带来信贷风险，银行虽然对污染没有直接的责任，但却要承受巨大的经济损失；其次是法律风险，跟别的公司一样，银行如果违背了环境法规，必然要承担相应的法律风险；最后是声誉风险，当银行融资、贷款客户存在污染或破坏环境的行为时，那么为其提供融资或贷款的银行，也会承受名誉上的损失。[①] 除此之外，金融机构还面临着自身运营活动直接造成的环境问题带来的直接风险。[②] Jeucken（2006）强调，因金融机构投资会承担环境风险，金融业寻求转型，促进可持续发展，发展绿色金融已是客观现实。

　　考虑项目的环境风险亦是金融业应承担的企业社会责任（Corporate Social Responsibility）的内在要求。所谓企业社会责任，指的是企业在获取利润的过程中，不仅要对自身的股东和员工负责，还要对消费者、环境、社区负责，在社会责任的要求下，企业必须要改变利润是唯一追求的经营理念，更多地去关注人的价值，为消费者、社会和环境做出自己的贡献。从 20 世纪 80 年代开始，这个思想就广为传播，西方国家在评估企业业绩的时候，就已经将社会责任当作一个非常重要的衡量指标，比如《福布斯》《财富》等在对企业进行排名的时候，也会重点衡量"社会责任"这个指标。1997 年，社会责任国际组织与一些跨国公司、国际组织达成共识，共同通过了 SA8000 标准，内容包括安全与健康、工资报酬、强制劳动、童工等众多标准。

---

① 任辉：《环境保护、可持续发展与绿色金融体系构建》，《现代经济探讨》2009 年第 10 期。

② 王玉婧、江航翔：《环境风险与绿色金融》，《天津商学院学报》2006 年第 6 期。

之后，各种和社会责任有关的企业标准开始大量出现，比如多米尼道德指数等，"企业社会责任"这个概念逐渐得到了社会各界的广泛认可。[①]

对于中国而言，目前中国关注环境风险分析的金融机构还不多。尽管工商银行、兴业银行已经开始关注环境风险分析，但全国大部分银行机构对环境风险分析还不太了解。此外，仅有包括华夏基金在内的几家公司开始参与环境风险分析压力测试，绝大多数还没有关注和参与这件事情。[②] 截至2020年8月，中国加入国际金融机构最常用的社会和环境风险准则——赤道原则[③]的银行仅有五家：湖州银行（2019年7月24日加入、江苏银行（2017年1月20日加入）、重庆农商银行（2020年2月27日加入）、兴业银行（2008年10月31日加入）以及绵阳商业银行（2020年7月20日）。[④] 根据赤道原则的要求，金融机构必须综合评估融资项目可能对环境和社会造成的影响，并发挥金融杠杆积极作用，促使融资项目保护环境以及维护周围社会和谐发展。总体上看，加入赤道原则，实际上会推动银行重视绿色项目边界、追踪和监测以及环境信息披露，提高银行对环境风险和社会风险控制[⑤]。

二 发展绿色金融的意义

绿色金融首要且最突出的作用是带来巨大的正向环境效益。

---

① 朱文忠：《国外商业银行社会责任的良好表现与借鉴》，《国际经贸探索》2006年第4期。

② 马骏：《推进金融机构环境风险分析》，《中国金融》2018年第2期。

③ 赤道原则于2002年由国际金融公司提出，随后花旗银行、巴克莱银行、荷兰银行、西德意志州银行等10家国家领先银行宣布实行赤道原则；该原则适用于项目资金总成本超过1000万美元的所有新项目融资和因改扩建对环境或社会造成重大影响的原有项目。

④ 资料来源：加入赤道原则金融机构名单，https：//equator-principles.com/members-reporting/。

⑤ 资料来源：《"点绿成金"充分发挥绿色金融重要作用——访中央财经大学绿色金融国际研究院院长王遥》，2021年11月15日，http：//bank.hexun.com/2021 - 01 - 12/202804669.html。

同时，发展绿色金融对于整个国家经济结构转型以及新经济增长点的启动均具有重要的助推作用。根据《2016 年 G20 绿色金融综合报告》和专家学者们的研究，发展绿色金融具有以下积极意义。

第一，带来正向的环境效益。环境效益具体包含降低水、土以及空气的污染，减少温室气体的排放量，实现资源的科学合理配置，缓解与适应气候的变化，运用科学手段实现协同效应等。绿色金融不仅要求实现绿色投资，同时还要求实现环境外部性内部化的发展目标，强化环境风险的认知，通过相关方法提升环境友好型投资，同时对污染型投资进行抑制。对于金融市场的功能而言，发展绿色金融也要求改善与环境因素相关的理解与定价。

第二，提供发展机遇，启动新的增长点，提升经济增长潜力。推动绿色金融发展，有助于提升绿色产业发展潜力，有助于推动科技创新，增加金融业的商业机会。根据马骏①的估计，在"十三五"期间，我国绿色产业在每个年度中保守估计的投资金额为 2 万亿元。发展绿色金融，会激发潜在绿色投资需求，形成新的产业形态，提升经济增长潜力，缓解经济增长压力。未来针对空气污染治理的应用，如天然气运输发电等设备、脱碳脱硫等设备、环境监测设备等市场规模将会达到 5000 多亿元。节能方面，在"十三五"期间，高效节能技术与装备、节能服务业、膜技术等市场的年均产值分别为 7000 亿元、4000 亿元、700 亿元。另外，针对目前的很多金融机构来讲，发展绿色金融能够创造更多的市场机会。

第三，发展绿色金融对于加快产业结构、能源结构、交通运输结构的转型具有促进作用，并且还能够加强技术创新，提

①　马骏：《论构建中国绿色金融体系》，《金融论坛》2015 年第 5 期。

升相关领域技术水平。绿色金融体系有助于改变产业结构"过重"局面,通过各种类型项目融资成本与可获得性的变动,引导社会资本撤出高污染、高能耗行业,改投低碳环保产业。对于绿色金融领域来讲,清洁能源与绿色交通是其重要的内容,为这两个领域提供充足的资金支持有助于优化清洁能源与绿色交通的比例结构。与此同时,有很多清洁技术、节能技术与新能源技术均为高新科技产业,支持相关产业发展,会提升整个经济技术水平,增强经济发展韧性和竞争力,从而推动我们科技创新强国战略实施。

第四,推动区域经济可持续发展。现阶段,中国经济的增长速度不断加快,很多地区在发展经济的过程中都没有充分考虑环境的成本,所以进一步造成中国的环境质量越来越差。利用绿色金融赋能保护环境与资源,强化对环境污染的治理,积极引导各区域的社会资源实现可持续发展的目标,有助于区域经济的转型升级。绿色金融主要能在以下三个方面推动区域经济可持续发展:一是资源配置,即绿色金融通过对产业和企业的选择,对经济转型和产业结构调整发挥引导、淘汰和控制的作用;二是环境风险控制,即绿色金融能够有效帮助企业和项目实现环境风险最小化,鼓励绿色产业发展;三是针对企业、社会环境与经济行为进行精确的引导,将绿色金融渗透到金融机构的准入管理与信用等级划分等方面,以此改变原有的企业与社会的生活与生产方式①。

第五,可以减轻环境问题财政投入强度。"十三五"期间,发展绿色产业每年所需资金投入为 2 万亿元,然而,在 2013—2014 年,中国中央和地方财政在节能环保新能源等方面只能投

————

① 西南财经大学发展研究院、环保部环境与经济政策研究中心课题组、李晓西、夏光、蔡宁:《绿色金融与可持续发展》,《金融论坛》2015 年第 10 期。

入 2000 亿元。根据中国环保部测算，未来五年，国内大气污染治理预计需要投入 1.7 万亿元，但是，财政资金投入预估仅为 500 亿元，财政投入仅占 10%—15%，财政投入非常有限，剩余为社会出资比重。假若缺乏一套科学且完整的绿色金融标准体系，环境投资需求得不到有效的引导，势必造成财政，可能导致出现治理目标无法达成的情况。假若可以创建出一套科学的绿色金融标准体系，就可以借助固定的政府资金吸引更多的民间绿色投资。举例来说，绿色银行、绿色贴息以及绿色债券实行免税等，能够引导社会资本进入绿色产业当中，而不再需要财政投入。

第六，有助于维护中国在国际上负责任的大国形象。当前，国内环境污染、碳排放速度等形势非常严峻，此外，中国对外投资项目也相继出现污染事故，这些都会影响中国环境与气候变化领域国际谈判，会导致中国处于非常被动的地位。现阶段，中国是世界上的第二大经济体，在全球的影响力正在不断加深，此时需要在全球治理方面争取到更多的话语权。在 2016 年中国主办的 G20 峰会中确定了"一带一路"的经济发展蓝图，对此，中国更需要注重环境问题的外溢效应，同时还需要不断持续维护中国在国际上的大国形象。假如在推进"一带一路"倡议过程中，实施绿色金融发展计划，则更能凸显中国日益上升的领导力和国家贡献，也非常有助于促进全球绿色投资和塑造中国国际形象。[1] 中国在 G20 峰会中提出建立绿色金融体系，推进绿色投资的倡议。以上举措赋予了中国更多的软实力与话语权，这对于中国绿色金融发展与建设工作提出了新的更高的要求。

第七，促进社会的进步与发展。绿色金融在推进过程当中，必须有配套的法律体系作为支撑，以此凸显社会进步。发展绿

---

[1] 王文、曹明弟：《绿色金融与"一带一路"》，《中国金融》2016 年第 16 期。

色金融赋予了企业与公民更多保护环境的责任，有助于增强不同社会成员之间的社会认同感，是推动社会文明进步的重要举措。促进经济发展，金融是重要的润滑剂，绿色金融对社会责任具有重要影响。世界可持续发展工商理事会认为，金融业是社会可持续发展的领导者，同时金融行业本身也一直以使世界更美好为使命①。社会责任的思想在发展过程中进一步衍生了绿色责任思想，绿色责任思想在发展过程中又产生了绿色金融理论。在绿色金融的发展之下，金融组织的管理模式、管理思想以及业务模式都发生了明显的变化。社会可持续发展准则为经济的发展指明了方向，金融组织在经营过程中需要不断提高和强化自身的社会责任意识，以此尽可能多地提供安全、绿色的金融产品以及配套服务，在实现盈利的基础之上不断落实自己的社会责任。绿色金融在助力社会可持续发展过程中发挥着重要的作用。② 国有企业和银行在践行绿色金融的过程中，为了更好地与赤道原则对接，需将社会责任思想渗透到银行自身的信心和竞争优势之中③。

对国内而言，国内正处于经济发展方式向"绿色"转型时期，发展绿色金融具有非常重要的意义。

第一，促进低碳经济的发展。对环境承载而言，中国经济已迈入新时代，虽然城市化、工业化、市场化和国际化共同推动了经济快速增长，但是也面临着资源高消耗、环境重污染挑

① Norman, Myers, "Financing change: The financial community, eco-efficiency and sustainable development: by S. Schmidheiny and F. J. L. Zorraquin with the World Business Council for Sustainable Development MIT Press, London, 1996, xxiv + 211 pp, figs, index, 14.50, hardback-ScienceDirect", *Global Environmental Change*, Vol. 7, No. 2, 1997.

② 熊惠平：《绿色信贷新论：透视公司社会责任思想的演化》，《河南金融管理干部学院学报》2008 年第 2 期。

③ 杜莉、张鑫：《绿色金融、社会责任与国有商业银行的行为选择》，《吉林大学社会科学学报》2012 年第 5 期。

战与矛盾。国内很多地区生态仍持续恶化，环境保护仍任重道远。历史不断证明，以前资本主义国家的"先污染、后治理"的经济增长方式是不可持续的，那种持续消耗资源，污染环境的工业化模式与人民日益增长的生态文明需求之间矛盾已经不可持续，中国需要走出自己的路，不断深化供给侧结构性改革，依靠科技创新支撑城市化与工业化，以自主创新强大动力推动经济增长方式转变，形成低碳的经济发展模式。

第二，促进国家政策对绿色经济的扶持。为了支持哥本哈根会议取得的各项积极成果，中国提出了经过 15 年时间，到 2020 年需实现几项主要的绿色发展指标。包括：二氧化碳排放的减排目标，即单位国内生产总值的二氧化碳排放下降 40%—45%；通过大力发展可再生能源并积极推进核电建设等行动，使中国的非化石能源，比如风能、太阳能、水能、生物能、地热能、海洋能等可再生能源占比增加到 15%；同时，加大植树造林，加强科学管理，使森林面积和森林蓄积量分别增加 4000 万公顷和 13 亿立方米。上述指标，基本上是约束性或发展性的，国家国民经济和社会发展长期规划已经纳入这些指标，并分解到五年发展规划和年度工作计划。作为规划管理的重要环节，为实现规划指标，政府必须制定碳减排必要的统计、检测和考核办法，包括将发挥巨大促进作用的绿色金融发展举措，以形成完备的政策体系。

第三，促进中国金融体系结构的优化。改革开放以来，中国的金融业务进度发展落后于各种传统产业，因此，中国的金融创新规模与程度总体上落后于实体经济发展的需要，主要表现为金融工具的种类偏少、金融产品品种的体系不够完善、金融业务制度体系和金融组织结构创新力度不足以及金融企业同质化竞争现象非常突出。这些问题极大影响了整个金融体系的改善。在此情况下，推动绿色金融的发展可以更好地引导商业银行建立和完善中国绿色金融体系，也为金融机构支持新兴绿色和绿色产业提供指引。

第四，创新金融产品。绿色金融将绿色、低碳经济和金融业务创新纳入一个有机系统里实现互动。绿色经济和金融业务创新不仅有市场经济运行方面的业务关系，并且深耕两者之间的内在机制联系，可以从转移环境风险、提高环境质量、发展绿色经济中激发出更大的金融创新。特别是金融机构和大型机构投资者在提高自身环境与社会责任基础上，可以发展更多的低碳、生态和绿色经济业务，在推动业务发展过程中，不断创新金融工具和金融产品，实现绿色低碳发展与金融创新的共赢。

三　发展绿色金融的挑战

绿色金融虽然已经取得一些进展，但仍然面临着不少挑战。根据《2016 年 G20 绿色金融综合报告》，绿色金融发展主要面临着以下五大挑战。

（一）环境外部性

绿色金融核心问题是如何通过金融创新，利用金融工具和金融产品，有效地解决环境外部性问题。"外部性"是一个基本的经济学概念，又称为溢出效应、外部影响等，是由马歇尔和庇古在 20 世纪初提出的。简单来说，外部性具体的含义是个人或者群体的行动与决策让其他个体和群体受损或者受益。经济外部性的含义是经济主体开展的经济活动对于他人与社会造成的影响，该影响具有非市场化的特征。也就是社会成员在组织和开展经济活动的过程中的成本与后果不完全由行为人承担和负责。经济外部性包含两部分内容，一是正外部性，指的是某经济行为个体的活动让他人或者社会受益，受益者并未投入成本或者代价；二是负外部性，指的是某经济行为个体的活动让他人或者社会受损，但是行为人却并未承担该损失。企业日常生产活动对周遭环境造成污染而未遭受罚款等惩罚就是一个典型的负外部性例子。环境污染对其他人日常生活以及经济发展造成一定程度的负面影响，而这部分负面影响却未得到造成污染的企业相应的补偿。例如，河流上游钢铁厂直接向河流排放未经处理的污水，这直接导致下游渔场鱼苗的大量死亡。当然，正外部性典型例子也有很多，其中绿色金融项目带来的正向环境效益就是一个非常典型的正外部性例子。绿色金融通过将投资引向绿色产业减轻污染，为其他人营造一个良好的环境的同时，推动经济转型升级、促进经济可持续发展，然而这部分正向影响很难自动得到市场和社会的补偿。例如，污水处理或土壤修复项目可以提高社区环境质量和住宅物业的市场价值，但住户或者开发商一般不会主动给予这些项目应得的资金。然而，绿色金融的项目本身回报可能过低，不会产生足够的收益。因而当绿色金融的项目无法将其产生的正外部性内部化时，这些项目将难以吸引足够的私人资本，导致"绿色"投资不足，而"棕色"（即污染性）投资过度。同理，如果污染企业对环境造成的负外部性没有充分内部化，就会导致污染企业的过度投资和过度生产。

解决外部性问题的关键在于如何将社会成本（收益）内化成私人成本（收益）。经济学中主要有三种解决外部性的典型办法：征税与补贴、科斯定理以及企业合并。首先是庇古税，也就是所谓的税收、补贴和配额。按照庇古的观点，政府可以通过征税或者补贴来矫正经济当事人的私人成本，使得私人成本（收益）与相应的社会成本（收益）相等，进而促使资源配置达到帕累托最优。此处以钢铁厂和渔场作为案例进行解释与说明，钢铁厂生产钢铁，自己付出的代价是铁矿石、煤炭、劳动等"私人成本"，而在生产过程中排放的污水、废气、废渣则是"社会成本"。庇古认为，政府可以通过对造成污染的钢铁厂收取一定的污染税收或者罚款，然后给予渔场一定的补偿和补贴。但是庇古税最大的问题在于信息必须是完全的，也就是政府必须清楚地知道谁造成外部性以及相应的社会成本与私人成本具体是多少。以上情况是不可能出现的，同时政策的推出和落实具有滞后性。第二种方法是企业合并。这是一种基于产权的比较极端化的方法。以渔场和钢铁厂为案例进行解释与说明，假设外部性仅存在于这两个厂商之间，那么一个解决办法就是钢铁厂把渔场买下来，这样，钢铁厂为了其利润最大化就会将对渔场造成的社会成本考虑在内，即内部化。

最后一种解决外部性的方法是科斯定理，科斯定理的内容是在假设条件之下，经济的外部性可在当事人的正确判断中得以纠正，以此实现社会效益的最大化目标，如果未产生交易费用，无论如何配置资源结果都会是帕累托最优的；但如果存在交易费用，那么不同的权力配置界定后组织的资源配置也存在差异；由于存在一定的交易费用，权利界定与分配的差异，最终产生的资源配置效益也不同，对于优化资源配置来讲，产权制度的设置是基本前提。综上所述，结合科斯定理的内容可知，明确产权与交易成本是基本前提。此处以钢铁厂和渔场为案例进行解释与说明，科斯表示，政府部门明确产权以后就能够有效解决该问题。假若赋予钢铁厂产权，则渔场主会认为支付必要的"赎金"就能够降低环境污染，此时渔场的损失往往大于赎金本身的价值，通过"收买"的方法引导厂方减少生产，以此控制对环境造成的污染；如果将"产权"判给渔场，那么渔场可以要求钢铁厂支付一定的赔偿费，否则不能开工，而这笔赔偿费将直接提高钢铁厂的成本，降低其效益。结合理论进行分析可知，钢铁厂赔偿与渔场赎买，最终的钢铁量与污染排放量相关联。然而，如果产权归属不同，那么收入分配就会出现明显差异；获得产权的一方即为利益多的一方，且为获得产权乙方必须向其支付费用进行"收买"。总体而言，在财富分配的过程中必须注重产权的重要性，在资源利用与配置相协调的情况下，钢铁生产量与排放污染量为正相关，此时政府不必过多干预。碳金融作为绿色金融产品的重要组成部分之一，便是科斯定理成功运用于解决温室气体排放带来的负外部性的最佳例子。关于碳金融的部分将留在"绿色金融主要产品"一节详述。然而，市场经济理论也存在一定的缺陷，比如产权界定的环节当中，如果市场经济不发达，那么该国家很难完成控排目标，与此同时，自然资源的产权无法有效界定；另外，交易过程中如果产生了较多的成本，此时法律法规存在缺陷，那么就会影响交易进程；最后，尽管运用各种方法实现财产的有效分配都能够实现资源科学配置的目标，但是会引发社会公平性问题。

（二）期限错配

金融体系一个非常重要的功能，就是在长期项目融资和流动性比较强的资金供给之间进行期限转换。但是在经济实践中，金融市场期限错配长期存在，长期项目虽然有巨大的融资需求却没有足够的资金供给，导致基础设施投入不足，另外在一些绿色基础设施项目中，我们也能看到相同的问题。实践过程中，很多长期绿色基础设施项目，急需金融机构融资支持，但却因期限错配问题，导致这些项目出现融资困难。此外，在相同的行业中，跟那些传统的项目比起来，绿色项目对长期融资的依赖性要更强一些，所以会面临更加严重的期限错配风险。例如，跟普通建筑项目相比，一栋节能建筑在建设前期，需要投入更多的成本；再比如，跟火电站比起来，风能、太阳能电站的建设前期，资本投入和运营支出在所有支出中占据的比重更大。建设一个火电站所需的总成本中，绝大部分都是用来购买能源，短期融资就能很好地满足项目建设需求；但是在建设风能、太阳能、可持续性类型的建筑时，情况会有很大的不同。

面对期限错配带来的风险，金融部门要采取创新措施来应对。如绿色债券、绿色基础设施投资信托基金，以及利用绿色项目未来收益为还款来源的银行贷款等，都是绿色金融方面的创新工具。这些创新工具，一方面可以有效解决银行端提供的长期贷款不足的问题；另一方面通过直接吸引社会资本到长期"绿色"项目，解决期限错配的问题。

（三）缺乏对绿色金融的明确定义

目前，绿色金融业务和绿色金融产品还没有对何为绿色形成统一的具体的定义，导致识别绿色投资机会出现困难，无法推动绿色投资大规模发展。在不同的国家，国情、发展水平都有所不同，所以每个国家都要结合自己的国情和特色，来对绿色项目进行定义。但从另一个角度来看，若是每个金融机构都有自己关于绿色项目的定义，就会导致定义太多，不利于绿色投资在不同市场中的对比，让绿色投资跨境发展的成本大幅度上升。解决这一问题的最简单直接的方法就是由政府机构进行顶层设计，推出相关法律法规或政策规定绿色金融的定义，明确绿色金融产品定义和范围。

（四）信息不对称

所谓的信息不对称，是指在交易过程中，各主体掌握的信息多少和详细程度有所不同。社会经济、政治活动的过程中，总有一些人能够通过特殊途径获得别人无法得到的信息，这就会导致信息不对称。在整个市场经济中，不同的人所掌握的信息有很大的不同；当掌握的信息比较多时，就能在市场中占据有利地位，当掌握的信息比较少时，在市场中就会处于劣势地位。信息的不对称会进一步导致逆向选择，即优势方利用获得的各种信息，为自己谋取利益，从而使得劣势方的利益受到损害，倾向于与对方签订协议进行交易（例如，往往是不在乎交通规则的司机乐意为自己的车买保险，而保险公司缺乏足够的信息，因此无法把这部分群体从全体购保群体中区分出来，进而提高保费以弥补预期的损失）。对于绿色金融而言，很多投资者都对绿色项目有着较大的投资兴趣，然而因为企业不能将项目面临的环境信息公开，导致投资者必须要花费一定的成本，去搜索和查询项目的环境信息，这个过程会降低投资者的积极性。总而言之，当投资者无法从排放、水和能源消耗等各个角度，全面了解被投资对象所面临的环境信息时，就无法正确识别绿色投资成本与收益，从而降低了金融资源在绿色低碳环保领域的配置效率，限制资金进入绿色领域。即使能够获得投资项目的环境信息，但如果没有值得信任的绿色资产贴标，同样也会限制绿色投资规模，制约绿色发展。此外，在有些国家，还存在"数据孤岛"和数据割据现象，如环保部门、金融监管机构与市场之间，并没有共享各自收集到的信息，这种做法使得信息不对称的现象更为严重。

解决信息不对称问题的关键在于披露相关信息。正如上文提及的赤道原则要求银行在放贷过程中需考虑企业和项目的环境风险，绿色金融的项目可以直接向大众提供清晰、易懂且可得的环境信息，以吸引潜在投资者。目前，信息不对称的问题已经得到了很好的解决。例如，在世界范围内已经有20多家证券交易所，对上市公司提出了披露环境信息的要求，另外还有些国家已经将披露环境信息形成一个强制性要求。同时，信息不对称还存在另外一种情况，即金融机构不会从商业角度考虑绿色技术的可行性，绿色投资在政策方面也面临着较大的不确定性。这些问题的存在，使得很多投资者在新能源汽车、节能科技、可再生能源等领域内，有着极强的规避风险的意识。

目前很多国家在解决信息不对称问题方面的做法有：多边开发银行或者政府支持机构对示范项目进行投资；从政策方面为可持续发展项目提供导向支持，比如马来西亚政府实施的

《国家绿色科技政策》以及沙特阿拉伯制定的《2030 愿景》等，开发银行担任基础投资者的角色（如德国 KFW 的绿色债券投资），以及由政府机构（如美国能源局为可再生能源项目提供的贷款担保）或开发性金融机构（如 IFC 中国节能减排融资项目，CHUEE）向绿色项目提供信用担保等。

（五）分析能力不足

当前，许多金融机构对环境风险以及因环境因素带来的金融风险没有足够重视，也没有清晰的认识。在识别、量化环境风险和运用工具评估环境风险对金融机构影响方面还存在很多不足。越来越多证据表明，环境风险对资产价值存在潜在负面影响，但一些金融机构却无法有效地量化环境风险的实质性影响。一方面，多数商业银行并没有设立专门负责绿色金融业务的绿色金融部门或者委员会，绿色金融业务混同在一般银行业务中一并处理；另一方面，商业银行中往往没有专业技术人员，从而无法评估项目和企业风险和收益能力，制定具体的授信政策和实施细则，因此对此类项目持谨慎态度。[①] 因此，银行、机构投资者必须要提高自身的分析能力，当自身资产因环境因素面临市场、信用风险的时候，可以及时识别这些风险，并对其进行量化。因为分析能力不足，金融机构无法认识到"棕色"资产带来的严重环境风险，从而导致那些高碳或者高污染的项目，仍然能够获得大量融资，而真正的绿色项目却无法获得足够的资金支持。如果对环境风险有一个全面的认知和理解，就能够使金融机构有效应对环境风险，让绿色项目能够吸收更多的私人投资。

《2017 年 G20 绿色金融综合报告》指出，金融机构评估环

---

① 高清霞、吴青莹：《我国商业银行发展绿色金融的问题及对策研究》，《环境与可持续发展》2016 年第 1 期。

境风险时，需要重点考虑两个方面的因素：一是正确理解和识别可能带来金融风险的环境因素；二是在投资风险模型中将这些环境因素设置为数量和质量指标变量，从而让投资模型更好测算环境因素可能带来的潜在风险，以提高投资决策效率。在选择合适的环境风险评估指标和风险分析工具时，要综合考虑，统筹兼顾。包括风险来源、风险类别、直接或间接风险敞口，甚至还要考虑国别与部门特殊的环境影响因素。报告同时给出大量金融机构进行环境风险分析的案例以及鼓励自愿开展环境风险分析的可选措施，并强调公共环境数据在开展环境风险分析等金融分析的重要作用以及改善公共环境数据的可得性和可用性的自愿可选措施等。

第二节　绿色金融的提出与内涵

一　绿色金融的提出

人类经济的运行与发展历来与环境紧密相关。自 18 世纪工业革命以来，从"蒸汽时代"到"电气时代"再到如今的"信息时代"，发展的脚步从未停歇。但是工业生产带来的环境污染、能源过度消耗、气候异常等负面影响，正在逐渐演变成为人类社会前进道路上的"绊脚石"，在限制经济增长的同时，对我们赖以生存的环境资源也造成了不可逆转的破坏。生态环境危机的加剧导致环境保护的法律规定日益严格，污染者付费原则中的污染者概念内涵也在不断延展。金融机构如果曾经对污染项目提供资金，也必然分享过污染生产获得的利润，因此也被纳入污染者行列，需要与污染企业一起承担相应的经济法律责任。这最早出现在美国的《超级基金法》中。

20 世纪中叶以后，美国经济产业发生了地域间的较大幅度转移。各类工业生产企业搬迁后的原地块称为"棕色地块"

（Brown field Site），这些地块不同程度地遭受了工业废弃物的污染。1978 年，美国纽约州北部拉夫运河镇发生的有害化学物质土壤污染事件以时任美国总统卡特宣布封闭当地住宅与学校、撤离居民成为影响最广的事件。从这一事件人们发现，工业污染物不是简单填埋就能消除污染，"棕色地块"中的有害物质渗入土壤、管道、水源会缓慢释放有毒物质，甚至持续上百年。这些具有深刻隐蔽性、滞后性、累积性和不可逆转性的污染损害特征对金融机构产生了巨大影响。事件发生后，美国政府勘察发现具有潜在威胁的地块超过 5000 块①，这是财政无力承担的负担，即使按照污染者付费的原则，潜伏期几十年的工业污染源头企业能不能持续经营几十年也是很不确定的。一旦肇事企业在经营中破产倒闭，则日后发现污染其经济责任主体就不复存在了。为解决这一困境，1980 年，美国国会通过了《综合环境反应、赔偿和责任法》，又被称为《超级基金法》。法案对污染者的潜在责任方做了较为全面的界定，将银行等金融机构也列入其中。其规定：贷款银行如果参与了造成污染的借款公司的生产、经营、废物处置等经营管理性活动，贷款银行对污染设施处置取消其赎取权，或以协议方式处置有害废弃物等行为，且认定这些行为被证实为影响借贷公司处置有毒废弃物的因素，那么该银行就可以被视为污染责任人而须承担环境清理责任②。1986 年，美国法院根据此法案判决马里兰银行承担污染场地的法律责任。该银行的客户——从事污染废弃物管理的公司——破产后受到污染的场地成为抵押给银行的资产。法院认为银行有充分的方法与手段调查该客户的污染风险并避免该风险，这是贷款银行的责任。类似的一系列判决使金融机构迅速

① 蓝虹：《环境金融新论：体系与机制》，中国金融出版社 2018 年版，第 5 页。
② 蓝虹：《环境金融新论：体系与机制》，中国金融出版社 2018 年版，第 6 页。

对污染等环境风险做出反应，开始建立绿色金融事业部等专门
的绿色金融管理部门，负责在信贷审核流程中管理控制环境风
险，防止银行因业务环境风险导致的各类损失。经营利益和风
险的直接刺激，形成了金融机构推动绿色金融管理与发展的内
生动力。当前，随着以赤道原则为代表的金融机构环境风险管
理已经在全球普及，生态环保领域的投融资已经成为全球金融
界新的蓝海。

二 绿色金融的概念演进

绿色金融，又被称为环境金融或可持续金融。着眼环境问
题与经济发展关系，特别是从运用金融手段控制环境风险提高
环境质量的事实出发，19 世纪末 20 世纪初，环境金融初步产
生。针对"绿色金融"这一提法，在较早的国外研究文献中，
并没有明确提及，而大多学者是以"环境金融"为研究主体。
考恩（Eric Cowan）认为环境金融目的是为保护环境和环保行动
倡议提供金融支持①，萨拉萨尔（Jose Salazar）认为环境金融是
一种金融创新，目的在于满足金融业与环保产业发展需求，这
是最早提及"金融"与"环境"问题的表述。

立足于理论层面来分析，绿色定义是金融机构预算、会计
与绩效评估的前提与基础，如果不对绿色进行明确定义，那么
在绿色项目与资产中就难以实现金融资源的合理配置。与此同
时，如果不对绿色进行明确定义，对于环境风险管理工作也会
造成一定阻碍。然而，对于许多国家与市场来讲，并未对绿色
金融作出非常明确的定义，阻碍了绿色投资发展。② 所以，明确

---

① Cowan, E., "Topical Issues in Environmental Finance", *EEPSEA Special & Technical Paper*,
Vol. 43, No. 3, 1998.

② G20 绿色金融研究小组：《2017 年 G20 绿色金融综合报告》，2021 年 11 月 15 日，中国
人民银行网站（http://www.pbc.gov.cn/goutongjiaoliu/113456/113469/3344238/index.html）。

绿色金融的定义是研究绿色金融的首要任务。在学术界，绿色金融的概念最早由 Salazar① 提出，大量学者在此基础上给出自己对绿色金融的见解。Salazar 认为绿色金融是一种金融创新，目的在于推动探寻如何保护环境更加经济合理，从而促使金融业与环保产业更加紧密联系。Cowan② 提出绿色金融是一门交叉学科，目的是探讨为推动绿色发展解决融资问题。Labatt et al. ③ 指出绿色金融是一种旨在规避环境风险、促进环境保护的融资行为，也是一种分析环境因素风险，环境友好型的，能分散环境风险的金融工具。于永达等指出金融业与可持续发展密切相关。不同类型的金融业及不同类型的投融资行为与可持续发展的关系不尽相同：有的是直接的，有的是间接的；有的是正面的，有的是负面的；有的是短期的，有的是长期的……这种关系比其他行业（如工业）与可持续发展的关系更为复杂和隐晦，难以察觉。④ Jeucken 认为，金融机构也面临着自身可持续发展的需求，而推动绿色金融发展对实现金融机构可持续发展具有重大推动作用。⑤ Scholtens 深入研究了金融与绿色之间的传导机制，认为绿色金融是解决环境问题的最优组合，能通过创新金融工具高效解决环境保护项目融资问题。⑥ Scholtens 在此基础上进行研究，发现绿色金融是在环境污染问题日益加剧的情况下

---

① Salazar J. , "Environmental finance: linking two world", *a Workshop on Financial Innovations for Biodiversity Bratislava*, 1998, p. 2.

② Cowan E. , "Topical issues in environmental finance", *Research paper was commissioned by the Asia Branch of the Canadian International Development Agency (CIDA)*, 1999.

③ Labatt S. , White R. R. , *Environmental finance: a guide to environmental risk assessment and financial products*, New Jersey: John Wiley & Sons, 2003, p. 56.

④ 于永达、郭沛源：《金融业促进可持续发展的研究与实践》，《环境保护》2003 年第 12 期。

⑤ Jeucken M. , *Sustainable finance and banking: The financial sector and the future of the planet*, Earthscan, 2010, p. 102.

⑥ Scholtens B. , "Finance as a driver of corporate social responsibility", *Journal of business ethics*, Vol. 68, No. 1, 2006.

衍生的促进金融可持续发展的手段，通过目前最有效的金融工具，对企业的经营决策与运作机制予以规制，为处理环境污染与温室效应等问题提供帮助，进一步实现社会、环境与经济之间的协调可持续发展。[①] 安伟在研究中综合了国内外学者基于宏观和微观不同研究视角对于绿色金融的界定，最终总结出4种关于绿色金融的观点，他认为，首先，绿色金融在《美国传统词典》中对应的含义是环境金融与可持续金融；其次，立足于投融资的角度予以分析，绿色金融的贷款对象是绿色产业，对绿色产业在贷款政策条件、期限利率与种类方式等方面给予优先权与政策倾斜等金融改革；再次，在以环境保护作为国家基本政策的前提下，金融机构借助改革创新相关金融业务，从而实现社会可持续发展的金融业战略部署；最后，他认为绿色信贷、绿色保险、绿色债券等绿色金融产品，都是落实环保政策重要工具和手段。[②] 方灏等表示环境金融的本质是基于环境保护目的的金融模式创新。[③] Lindenberg 综合之前学者提出的"绿色金融"的定义，认为"绿色金融"包括以下三部分[④]：一是在环境商品和服务（如水资源管理、生物多样性和土地保护），防范、最小化以及补偿对环境和气候的损害的项目（如节能项目和大坝）的公共和私人绿色投资；二是鼓励实施对环境友好或减少环境损害的项目和适应性项目与倡议（如可再生能源补贴关税）的公共金融政策；三是金融系统中的专项绿色投资部分（如绿色债券、绿色基金等）。此外，值得注意的是，气候金融仅是绿色金融的一部分，聚焦于减少温室气体排放或适应气候

---

① Scholtens B. , "A note on the interaction between corporate social responsibility and financial performance", *Ecological Economics*, Vol. 68, No. 1 – 2, 2008, pp. 46 – 55.

② 安伟:《绿色金融的内涵、机理和实践初探》,《经济经纬》2008 年第 5 期。

③ 方灏、马中:《论环境金融的内涵及外延》,《生态经济》(中文版) 2010 年第 9 期。

④ Lindenberg N. , "Definition of Green Finance", *Social Science Electronic Publishing*, 2014.

变化带来的环境影响。Paul Tregidgo（2016）认为，为了满足日益增长的融资需求，绿色债券、碳市场等金融工具，以及绿色银行、绿色基金等金融机构涌现，这些金融产品与工具、金融机构等共同形成了绿色金融发展体系。安同信等认为，绿色金融是以金融支持为杠杆手段，以促进技术创新与产业结构优化调整、实现区域经济可持续发展为目标的金融创新。[1]

　　除了学者们提出的各种定义之外，随着各类金融机构、企业以及投资者加入绿色金融，共同推动绿色金融发展，部分国际机构也对"绿色金融"的内涵进行了明确的界定。2011 年，国际发展融资俱乐部（IDFC）[2] 在 "*Mapping of Green Finance*"[3] 一文中阐述了关于"绿色金融"的概念，认为绿色金融是一个非常广泛的概念，包含了绿色发展及环保倡议的投资，金融创新产品以及推动绿色低碳发展的宏观经济政策等。绿色金融包括气候融资，但并不局限于此。绿色金融还包括更大范围的环境目标，如工业污染管控、水净化以及生物多样性防护等。因此，IDFC 将绿色金融划分为三类：新能源和温室气体减排、适应气候变化的环境影响和其他环境目标。国际贸易中心（ITC）[4] 认为绿色金融包括所有由私人和公共机构（如政府、银行、国际组织等）发起的通过金融工具发展、推进、实施和支持具有

---

① 安同信、侯效敏、杨杨：《中国绿色金融发展的理论内涵与实现路径研究》，《东岳论丛》2017 年第 6 期。

② IDFC 是一家由发达经济体与发展中经济体开发性银行以及国际金融机构共同设立的关注金融可持续发展的自发性组织，目前共有 23 家成员机构，业务覆盖 69 个经济体，世界银行集团以及国开行都是 IDFC 成员。

③ Höhne／Khosla／Fekete／Gilbert（2012）：Mapping of Green Finance Delivered by IDFC Members in 2011, Ecofys.

④ ITC 是 1964 年 3 月由关税与贸易总协定（GATT）于日内瓦成立，而且 1968 年起联合国贸易与发展会议（UNCTAD）也加入共同经营。宗旨在于协助发展中国家拟订实施贸易推广计划，设立促进贸易服务处，提供出口机会的情报，市场开拓技术的咨询，以及训练必要人才的服务。

可持续发展效应的项目的倡议。换句话说，绿色金融提供金融工具给活跃的个体以进行具有正的且持续的外部性的活动。ITC给出绿色金融项目的一些例子：可再生能源、低能耗项目、水净化、降低交通及工业污染以及减少碳足迹等①。2013年，普华永道咨询公司提出：对于银行部门来说，绿色金融指的是在整个借贷决策、事后监管以及风险管控等过程中涉及规避环境因素风险的金融创新产品和金融服务。这些金融产品和金融服务目的是促进绿色投资和推动环保技术、项目、产业和企业发展②。德国发展研究所（DIE）则认为，绿色金融包括将环境影响考虑在内且提高环境可持续性的各式投资与借贷。其关键要素是可持续投资和贷款，这类投资和借贷决策是基于以满足环境可持续性标准的环境监管和风险评估做出的③。

由于不同国家的国情和发展重点不同，绿色金融在不同国家和市场可能有着不同的技术性解释。根据《2016年G20绿色金融综合报告》，绿色金融在中国的含义是支持绿色发展并可产生正外部性的投融资，并减轻空气、水资源与土壤污染，控制温室气体排放，实现资源的科学配置，有效应对气候变化与协同效应的重要举措。这是因为尽管中国的产业结构已经完成从"一二三"格局向"三二一"格局的转变，但是作为世界上最大的发展中国家，造成重污染的第二产业仍处于优势地位。④ 然而，大部分发达国家已走过工业化时期，现处于以轻污染的第

---

① 资料来源：什么是绿色金融，https：//www.intracen.org/What-is-green-finance/。

② Pricewaterhouse Coopers Consultants（PWC）（2013）：Exploring Green Finance Incentives in China，PWC.

③ Böhnke / Eidt / Knierim / Richert / Röber / Volz（forthcoming）：How to Make Green Finance Work-Empirical Evidence from Bank and Company Surveys，German Development Institute / Deutsches Institut für Entwicklungspolitik（DIE）.

④ 2019年，中国第一产业增加值为70466.7亿元，占国内生产总值的7.1%左右；第二产业增加值为386165.3亿元，占比约为39.0%；第三产业增加值为534233.1亿元，占比约为53.9%。

三产业为主的后工业化时期，^① 其产业结构呈现"三二一"格局，完成了重污染产业改造升级或转移的过程。所以，对于这部分国家而言，如何预防和降低全球变暖等气候变化带来的负面环境影响才是其金融业的首要任务。例如，2013 年，英国对"绿色金融"进行定义，即"为发展低碳能源、提高能效、适应气候变化以及保护环境和自然资源领域的投资，其中特别强调了金融体系在减缓气候变化行动领域的作用"。总而言之，绿色金融就是通过将生态与环境资源纳入金融的资源配置范围，促进生态产品的有效供给。作为一种新的金融模式，绿色金融使用金融手段为绿色公共物品进行融资，它打破了原有公共物品的融资传统，即一般由政府购买公共物品并对其进行融资，而且这种绿色公共物品已经成为全球公共物品，已突破了国家与地区的地域限制，例如碳金融就是为应对全球气候变化，控制温室气体排放等活动进行融资。^②

三　绿色金融的内涵

从字面上看，绿色金融的内容应当是各类金融业务活动要体现并引导绿色发展意识，通过金融对经济资源的杠杆和调动作用，促成经济生产的同时注重对生态环境的保护和污染破坏的治理，实现经济与生态的协调发展。因此，绿色金融的内涵既有从金融和环境的关系出发，以改变单一资源和能源高消耗的增长模式，形成有利于促进资源节约、高效利用模式的金融发展方面，也有以绿色发展理念注入产业发展中，为绿色低碳环保产业的发展提供相应金融服务和支持，促进相关环境效益产业获得更好发展的方面。从更为深刻的角度出发，绿色金融

---

① 栾晏：《发达国家和发展中国家能源消费与碳排放控制研究》，博士学位论文，吉林大学，2015 年。

② 马中、周月秋：《中国绿色金融发展报告（2017）》，中国金融出版社 2018 年版。

是支撑生态文明建设和美丽中国实现的完善的金融体系，是有别于传统金融业务和内容的新金融模式。从宏观上看，绿色金融要能够使环境资源的高度稀缺性，在金融这一资源配置系统中着重和明显地体现出来，以市场机制最大可能地发挥，实现稀缺生态环境资源在经济社会领域的优化配置。从微观上看，绿色金融的业务内容是以各种金融工具，为具有公共物品或准公共物品属性的生态环保项目筹集资金。可见，绿色金融自身的特征表现为：本质上属于一种经济活动与金融服务；以实现环境与资源协同发展为主要目标，体现社会的可持续发展；以金融体制安排与产品创新引导社会资源为主要手段；以产生和增加正面的环境效益为预期。

四 绿色金融的理论基础

绿色金融是一个内涵丰富的理论和实践命题，现代金融学无疑是其重要的理论基础。但金融学主要提供的是金融市场、金融机构和金融工具等具体的操作内容。从"绿色"概念发展到绿色金融，这是私人空间的经济生产转化到公共空间才引出的矛盾与思考。因此，绿色金融的理论发展，离不开绿色发展等的相关理论，在此基础上，只有从环境保护与经济生产的冲突认识，并探索解决此冲突，才逐步体现出金融在此矛盾解决上的优势。因此，围绕这一命题，从绿色发展等角度，分析和研究绿色金融的实践作用机制。

（一）公共物品及其"双非"特征

经济学认为一般商品，都具有排他性和竞争性。排他性是指当你购买了某件商品，你就可以阻止其他人使用该商品，也就是你独自占有该商品。竞争性是指当某个人购买了某件商品时就会减少其他人的购买。例如你购买了一件衣服，那么整体上衣服就少了一件。公共经济学认为公共物品，一般具有非排他性和非竞争性。非排他性是指当某一消费者在消费某一公共物品时，并不能排斥其他消费者消费该公共物品，即任何消费者都能够消费这一公共物品。非竞争性是指增加某一公共物品消费，并没有带来成本的增加，即增加消费的边际成本为零，增加单位消费并没有减少该公共物品消费数量和质量。不同的公共物品都包含了不同程度的非排他性和非竞争性。如纯公共物品，同时兼具非排他性和非竞争性，例如我们常见的空气、国防等；而准公共物品，一般含有不完全的非排他性和非竞争性，例如森林资源、矿石资源等。当具有完全的排他性和竞争性时，就是普通商品或私人物品。绿色发展强调的环境，包括空气、水等自然资源，多属于公共物品，具有非排他性和非竞争性特征。绿色金融的作用就是要改变绿色相关资源等公共物品的非排他性和非竞争性特征，使得与绿色资源有关的公共物品能够采用市场机制，让市场机制发挥作用，达到保护环境的目的。

（二）外部性理论

经济学认为，公共物品由于具有非排他性和非竞争性，会因此容易导致市场配置资源机制无法运行，即市场失灵或产生"公地悲剧"。例如无限制地排放温室气体或随意排放化学物品污染水环境等，产权经济学认为，"公地悲剧"出现的原因是没有界定产权，即产权界定不清，如果能够清楚界定产权，就不会出现市场失灵和价格机制无法发挥作用的现象。外部性理论认为，公共物品产生的"公地悲剧"是因为公共物品存在外部性，负的外部性或正的外部性，外部性不能内部化，造成私人成本收益与社会成本收益产生分离，因此，要在产权界定清楚之后，运用市场机制把外部性内部化，使得私人成本收益与社会成本收益趋同，从而发挥市场机制作用。绿色金融的作用就是要把环境等私人成本与收益内部化，使得私人成本收益趋于社会成本收益，以增加破坏环境成本或降低损害环境的收益，通过市场机制减少损害环境，同时增加保护环境或推动绿色发展的行为的收益，降低绿色低碳发展的成本，激发保护环境和绿色投资，从而达到保护环境和推动绿色发展的目的。

（三）可持续发展和绿色发展理念

1989年，戴维等通过研究共同出版了《绿色经济的蓝图》，其中第一次提到了"绿色经济"的概念，他们指出，在经济发展的过程中，必须要注意社会、环境之间的协调，推动经济"绿色增长"。绿色增长指的是经济可持续发展的过程，能够有效促进低碳发展，为社会所有成员带来利益。联合国在2008年制订了"全新绿色新政计划"，希望推动各国领导集团充分认识到，发展绿色经济并不会给各国经济带来负担，反而会给经济发展注入新的动力，鼓励各国扶持绿色经济，从而转变经济的增长模式。2009年国际经合组织制定了《绿色增长宣言》，2010年欧盟制定了《欧盟2020》，这两份文件都充分肯定了绿色发展的核心战略地位，希望以此来提高国家或者区域的经济实力。美、日等国也陆续出台绿色发展战略规划，通过科技、产业创新实现转型绿色。从短期来看，发展绿色经济，能够有效调整经济结构；从长期来看，有利于实现协调、可持续发展。

可持续发展理念，主张世界上任何地区、国家的经济发展都不能以损害他地区、国家的经济发展能力为代价。可持续发展理念已经广泛传播，经济生产要尊重和保护自然资源与环境的观点已在全球达成共识。大自然既慷慨又脆弱，超越自然界限的生态超载，自然系统的完整性会受到威胁，危及人类生存。对于发展中国家经济而言，由于工业化发展水平一般较低，依靠工业发展改善经济状况的动力很强，很多经济的产业组成中，重化工业的密度非常高，自然环境的空气、水、噪声和固体废物污染问题迅速增加，给人们的生活健康、经济工作造成了巨大影响。

绿色发展理念，是人类对自身经济发展模式的反思与行动的成果，也是对可持续发展理念的补充与升级。绿色发展除了重视节约资源和保护生态环境之外，更重要的是看重经济的发展。绿色发展非常看重经济、社会、自然这三个系统之间的协调。绿色发展是经济、社会、环境协调作用、不同主体共同发展的过程。这一过程并不是仅把资源环境作为外生变量，而是将资源环境视为内生变量，通过转变发展的动力机制和方式实现高效率、高水平的发展，从而缓解经济、社会的发展进步与生态环境平衡之间的矛盾，从根本上转变发展模式，改善和提高人类的生活品质并促进人类共同、协调、公平的持续发展模式。绿色发展和可持续发展的长期目标都是改变发展模式，为全人类带来福祉。比如气候风险监测、环境信息披露、环境风险管理等制度的创新，以此来推动绿色发展战略的全面落实，保障绿色发展相关工作有序开展，另外还能提高企业、行业以及国家等不同主体的绿色发展能力。通过绿色发展，推动经济绿色增长，可以促进经济活动过程和生产产品的绿色化、生态化，不仅可以优化供给侧，促进产业结构转型升级，减轻能源资源约束对经济长期增长压力，而且能创造出新的市场需求，可以激励绿色产品和服务的供给和需求，培育全新的市场机遇，增强经济发展韧性，实现人类迈向更好未来的远景目标。

（四）新发展理念

2015 年中共中央召开了第十八届中央委员会第五次全体会议，会议明确指出，要实现"十三五"期间的发展目标，解决发展过程中遇到的问题，充分发挥发展的优势，将创新、协调、绿色、开放、共享的新发展理念落到实处。中共中央提出新发展理念，是事关国家发展全局的重大变革，我们必须深刻认识这场变革的重要作用和意义。

新发展理念强调绿色发展，在国家资源节约和生态环境保护政策的要求下，走可持续发展的道路，推动生产发展，提高人民群众的富裕程度，保护生态文明，推动社会朝着资源节约型、环境友好型方向转变，实现人与自然和谐发展，建设美丽中国，为世界范围内生态文明的发展贡献自己的力量。

绿色发展，强调人与自然之间的和谐，对城市化、农业、生态安全、自然岸线等发展的格局进行优化，鼓励低碳、绿色产业的发展。加大力度构建主体功能区，为国土空间的开发与保护奠定坚实的制度基础。

大力发展低碳循环经济，构建一套低碳清洁、高效且安全的现代化能源系统。提高资源的利用率，实现资源的循环利用，针对排污权、用水权、碳排放权和用能权等，要建立一套完善的分配制度，在整个社会上逐渐形成一种勤俭节约的良好风气。大力治理环境污染，为了提高环境的质量，可以严格实施环保制度，将水、空气、土壤等方面的污染防治计划落到实处，构建垂直化的管理制度，让省级以下的环保机构去监测监督执法，为生态安全筑起一道坚固的屏障，做到优先保护、自然恢复，对山水林田湖等生态环境进行保护和修复，扩大国土绿化行动的规模，对天然林保护制度进行完善，对蓝色海湾进行有效整治。

第二章　绿色金融的主要产品

第一节　绿色信贷

一　绿色信贷的内涵与作用机制

从狭义角度来看，绿色信贷指的是商业银行信贷经营的行为；从广义角度来看，绿色信贷指的是国家有关部门联合银行业，共同激励与支持保护环境的行为，并制止和约束损害环境的行为，推动低碳节能、防控金融风险而采取的各种经济手段。[①] 根据中国银监会印发的《绿色信贷指引》中关于绿色信贷内涵的描述，绿色信贷是指以信贷等金融资源支持绿色经济、低碳经济、循环经济，推动经济和社会的可持续发展，另外，还能对信贷结构起到优化作用，减轻银行等金融机构所面临的社会、环境风险。因此，绿色信贷本质上是一种银行信贷，但与此同时，它也有自身的特殊性，比如需要接受群众的监督，政府、银行必须要向社会公开与环境和社会发展有关的信息，另外还要完善相关制度机制，比如信息披露机制、平等对话机制等。

绿色信贷主要通过调整资金流向，将资金从"两高"产业

---

① 王朝弟、赵滨、吕苏越：《基于演化博弈视角的绿色信贷实施机制研究》，《金融监管研究》2012 年第 6 期。

转向绿色产业以实现经济可持续发展。一方面，绿色信贷可以直接向符合当地法律法规以及政策标准的绿色产业和项目发放贷款，实现绿色资本供给；另一方面，绿色信贷可以通过限制信贷资金流入高污染、高能耗或对环境和社会可能产生负面影响的企业或项目，实现资本的合理配置。

二　赤道原则

在国际上，赤道原则是目前国际金融机构广为接受的社会和环境风险准则。截至 2020 年 8 月，全球共有来自 38 个国家的 108 个银行采纳了赤道原则，中国仅有五家商业银行加入赤道原则，而国有四大银行（工商银行、中国银行、建设银行以及中国农业银行）还未对标国际标准。

（一）赤道原则的演进

在社会与环境不断发展的过程中，赤道原则也在不断变化，从该原则建立开始到现在，总共经历了 3 次修订，其第 4 个版本于 2019 年年末更新。其发展过程可分为：第一，2003 年赤道原则的第一个版本正式建立，简称为 EPI。这个版本的赤道原则，受到了国际可持续发展理念和《关于金融机构和可持续性的科勒维科什俄宣言》的深刻影响，依据国际金融公司制定的《保障政策》，制定了一套管理框架，从而在国际项目融资过程中，解决环境和社会之间的问题，在当时，该原则在众多金融机构得到了广泛应用。第二，2006 年，因为《环境和社会可持续性绩效标准》（以下简称《绩效标准》）代替了原来的《保障政策》，所以赤道原则的第二个版本由此诞生，即 EPII，其正文可以分为序言、适用范围、免责声明、原则声明 4 个部分。跟第一个版本相比，该版本在赤道原则的文本框架中，重新添加了两部分的内容，重点突出了社会问题的作用，变环境评估（EA）为社会与环境评估（SEA），另外还把各主体国家分成了两种类型，一种是经合组织国家，另一种是非经合组织国家，分别有不同的适用标准。在第一个版本的基础上，赤道原则的第二版构建了一套自愿性的行业标准，突破了管理方法的局限性，所以在很多银行得到了广泛应用。第三，2013年，赤道原则的第三个版本正式诞生，即EPIII，其内容除了之前的4个部分之外，又增加了方法、附件、附录3个部分，另外在指定国家、磋商和审查程序、透明度、适用范围等多个方面，也进行了一定的修改。在赤道原则第三个版本中，虽然对融资的范围和社会环境影响评估体系进行了完善，但还是有一些不足的地方。比如，在对项目进行审查的时候，采用的标准以"相关东道国法律法规"为基础，并且假设这些法规在环境与社会保护方面制定了较高的标准，这个假设受到了很多质疑，因为在一些项目中，虽然符合了指定国家的法律要求，但却没有符合赤道原则规定的标准[1]。比如美国的Dakota Access Pipe‑line项目在融资过程中，非政府组织Banktrack提出赤道银行在项目贷款的时候，违背了EPIII的标准。第四，EPIII在实践过程中会遇到适用性的问题，另外再加上气候变化、生物多样性、世界范围内的人权和社会性等问题，使得赤道原则不得不再次进行修改。2018年，赤道原则委员会正式启动了评估组织机构，对相关议题进行探讨。2019年，赤道原则协会在新加坡召开了会议，在该会议中，赤道原则第四个版本正式诞生，即EPIV。该版本的赤道原则，与联合国可持续发展目标和《巴黎协定》之间有着密切的联系，对气候变化问题进行了认真探讨，并且肯定了2015年巴黎气候变化公约当中，采用赤道原则的金融机构（EPFI）所发挥的作用，2017年，气候有关金融披露小组公布

---

[1] Banktrack, "Ten Equator Banks Demand Decisive Action on Indigenous peoples following DAPL Debacle", https://www.banktrack.org/news/ten_equator_banks_demand_decisive_action_on_indigenous_peoples_following_dapl_debacle, accessed on Nov. 10, 2019.

了相关建议，其中指出 EPFI 需要承担公布气候信息的责任。关于指定国家项目，EPIV 在审查方面制定了新的要求，让人权调查程序变得更加详细，修订的内容涉及适用范围、人权与社会风险、气候变化、赤道原则指定的和没有指定的国家适用标准这四个部分。

EPIV 不仅要求金融机构遵守指定国家的法律法规，还要求其对具体项目涉及的社会、环境风险进行评估，从而保障社会、环境问题的有效解决。另外，在赤道原则的第四个版本中，还提到了两种选择方案，一种是知情同意，另一种是自由、事先。在社会与环境问题不断变化的过程中，这些新的规定能够做出很好的及时回应，能够有效弥补 EPII 在解决气候多变、生物多样性等问题时出现的漏洞，推动国际绿色信贷更好地发展。总而言之，对赤道原则进行不断的修订，能够让整个国际社会清晰地认识到，人权、社会、环境等因素在金融体系当中发挥着重要作用，同时还能从绿色金融的理论与实践两个方面，反映出赤道原则的不断进步。

（二）赤道原则具体内容

赤道原则要求各银行在放贷过程中需要根据 10 条具体的准则评估项目的环境风险。具体而言，第一项准则强调环境风险审查和归类，即基于与人权、气候变化以及生物多样性相关的项目的潜在环境个社会风险和影响，按照国际金融合作组织（IFC）关于社会与环境的分类程序，把项目分成 A、B、C 三个级别，其中 A 代表社会环境风险等级为高级，B 代表中级，C 代表低级。第二项准则关于环境和社会评估，即要求客户执行一项恰当的评估程序以处理项目的环境和社会风险，而且提交的评估文件应提出最小化、减弱、弥补项目对工人、受影响的社区以及环境的风险及影响。第三项准则提出适用的环境和社会标准，即评估程序首先要符合东道国法律及规章制度，若东道国没有相应的法律及规章制度，则需遵循 IFC 提出的《环境与社会可持续性绩效标准》，和世界银行制定的《环境、健康及安全指导守则》。第四项准则指出对于 A 类和 B 类项目，客户必须开发或维持一项环境社会管理体系（ESMS）。第五项准则规定了 A 类和 B 类项目应建立有效的通报协商和利益相关方参与机制，保障受影响社区和其他利益相关方的参与。第六项准则提出对于 A 类和 B 类项目，受影响社区和工人们应有合理的渠道去投诉，能够收集并解决对项目的社会和环境绩效的关注与投诉。第七项准则规定 A 类和 B 类项目有关的环境和社会评估条件应有独立的环境和社会评估文件且由独立的环境和社会专家进行审查。第八项规定任何项目都要在融资文件当中添加承诺性的条款，比如不得违背东道国关于社会、环境方面的法律规定，在项目建设和运营周期内遵守相关管理计划和行动计划，定期提交项目报告等。第九项准则规定了独立监测和报告制度，即贷款期间赤道银行应聘请或要求客户聘请独立环境社会顾问来核实项目监测信息。第十项规定了赤道银行及其客户的报告制度，赤道银行要每年及时披露包括交易数量、赤道原则实施过程和经验；A 类和 B 类（如适用）项目应确保环境和社会影响评估摘要可在线获取，并视情况披露温室气体排放水平。

（三）赤道原则的影响

赤道原则的实施，使得银行在披露环境信息、确定绿色项目的范畴、追踪与监测绿色项目等方面，都面临着更高的要求，有利于加强银行对环境、社会风险的重视。Chami et al. 指出金融企业执行赤道原则可以树立良好的社会形象，更好地满足各利益主体的需求，还能让企业、金融机构等相关利益方更加重视对环境风险进行监控，在投资、生产决策过程中，融入可持续发展的理念。① Scholtens et al. 对 51 家实行赤道原则的金融机构，以及 56 家非赤道银行做了对比分析，结果发现跟没有实施赤道原则的金融机构相比，那些实施了赤道原则的金融机构，往往有着更强的社会责任感，并且其社会公众形象会更加良好。②

但是，在执行赤道原则的过程中，也可能导致企业短期运营成本增加、收益下降。③ 此外，根据在银行监察组织（Bank Track）对赤道银行的调查，部分赤道原则机构只是"漂绿"（green wash）而已；部分企业在其日常经营活动和投资决策中，并没有考虑环境因素，仍以企业利润最大化为目标，不考虑企业的社会责任和可持续发展。麦均洪等指出，这种现象背后原因可能是基于成本收益考虑，银行等金融机构审核贷款业务时，项目的还款来源及能力仍是最重要的，金融机构自身推行绿色信贷的积极性相对较低。④

三　国外绿色信贷实践及启示

（一）美国的绿色信贷实践

一是出台一系列支持和鼓励政策，完善法律体系。从 20 世纪 70 年代开始，美国在环境保护和绿色信贷方面制定了一系列的法律，在绿色信贷发放的过程中，明确了金融机构、政府与企业权利和义务，为推动绿色信贷发展奠定了坚实的法律基础。在美国，法律明确规定商业银行等金融机构在保护环境方面需

---

① Ralph Chami, Thomas F Cosimano, Connel Fullenkamp, "Managing ethical risk: How investing in ethics adds value", *Journal of Banking and Finance*, Vol. 26, No. 9, 2002.

② Bert Scholtens, Lammertjan Dam, "Banking on the Equator. Are Banks that Adopted the Equator Principles Different from Non-Adopters?", *World Development*, Vol. 35, No. 8, 2006.

③ 国际金融公司（IFC）2007 年的一项调查。

④ 麦均洪、徐枫：《基于联合分析的我国绿色金融影响因素研究》，《宏观经济研究》2015年第 5 期。

要承担一定的责任，在这种情况下，不管是银行还是企业，都非常看重信贷项目中的环保问题。二是商业银行较早考虑环境政策。在美国，一个绿色项目或者是产业，能够从很多银行中获得资金支持。比如，生产环保、节能产品的公司，或者是使用新能源汽车、节能设备的家庭，在申请银行贷款的时候，能够享受到一定的优惠政策。在花旗银行中，专门设立了全球消费信贷管理部门，以此来为世界范围内客户的绿色信贷业务提供资金支持。除此之外，花旗银行还和众多公司达成了良好合作，鼓励和支持用户使用环保节能型的产品，如与夏普公司合作，在销售节能与新能源产品时，为客户提供低息贷款；另外，在信贷评审指标体系中，花旗银行还额外增加了节能的指标，面向中层水平的客户，在绿色信贷项目上给予一定的优惠。针对建筑类型的企业，国富银行为绿色建筑信贷项目提供资金支持。三是美国在绿色信贷方面，除了制定完善的法律体系之外，还制定了一系列的激励政策来保障其成功实施。比如说税收政策方面，美国在 1978 年制定了《能源税收法》，其中针对那些购买绿色环保型产品（电动汽车）的消费者，如果花费的金额在 2000 美元以内，可以为其提供 30% 的购置税优惠，如果购买金额在 2000 美元以上，可以为其提供 20% 的购置税优惠，可以说优惠的力度是非常大的。

（二）英国的绿色信贷实践

一是通过完善的立法为绿色信贷和环境保护提供法律保障。制定科学合理的环境保护指标体系。20 世纪 70 年代左右，英国开始效仿美国，在环境保护方面加大了法律建设的力度，先后出台了《国家环境保护法》《水资源保护法》等一系列与环保有关的法律，明确提出环境污染控制措施和标准要求。比如在《污染治理法》当中，对于大量不同的生产工艺流程，就规定了统一的环保标准，任何一个新项目在启动之前，必须要经过环保部门严格审核，以此来从源头上遏制企业污染的扩散。二是制定相关激励政策鼓励绿色信贷。为了将环保政策落到实处，英国政府还采取了一系列配套的激励措施。比如说融资担保，针对那些从事环保行业的企业或者与环保有关的项目，政府可以为其融资活动进行担保，针对那些保护环境、使用新能源或节能技术的企业，无须申报经营情况及还款来源，就能直接申请融资担保，申请贷款金额最高为 7.5 万英镑，并享受低息。政府承担了其中 80% 的资金。政府在为企业融资提供担保的同时，也要承担环境保护方面的责任，所以在发放绿色信贷资金之前，必须要对相关企业进行严格的审核，以此来筛选和排除那些污染型的企业，从而为绿色产业的发展营造一个有利的融资环境。三是商业银行践行社会责任和绿色信贷。一款新的绿色信用卡由巴克莱银行推出，在购买有关绿色产品、服务时，持卡人可以享受的优惠包括低息或者延期还款，同时巴克莱银行承诺，来自绿色信用卡业务利润的 50%，会投入可持续发展领域中。此外，英国还有生态信贷项目，由金融联合协会开发，购房人可以享受免费的绿色环境评估服务。2006 年，生态信贷项目减少 6 万吨温室气体排放。

（三）日本的绿色信贷实践

日本在 20 世纪 60 年代进入了发展的黄金期，在当时，日本政府就对环境保护的作用有了清晰认知，并在这方面制定了很多法律，严厉惩罚破坏环境的行为，另外关于环境污染的评估，也有一套明确的参考标准。在日本的环境保护法律体系中，明确划分了政府、银行和企业各自的责任与义务，其可行性、适用性非常强。日本在 1993 年开始实施《环境基本法》，在所有的环保法律中，该法占据着统领性的地位，使得日本的绿色法律体系更加完善。完善的环境保护法体系是商业银行实施绿色信贷项目坚实的法律依据。除此之外，日本政府为扶持绿色企业和项目，还制定了一系列支持性的补贴、财政、利率优惠政策。比如那些生产和研发绿色产业的企业，就能在融资、税收等方面享受到政府的优惠政策；那些开发和投资循环经济的企业，可以长期从商业银行中获得低利息的贷款；从事污染治理的企业，能够直接从政府获得财政补贴，同时还能减免一定的税收。日本的瑞穗实业银行在控制温室气体的排放领域中，做出了极大的贡献，对于可再生能源以及碳排放权期货交易，这家银行积极开发碳排放权期货交易产品和推动碳期货经纪业务发展，并支持企业绿色低碳环保研发融资需求。三井住友银行成立了环境保护发展研究中心，目的在于为绿色信贷项目提供专业的咨询服务，并为制定绿色发展政策提供智力支持。日本政府积极支持国内绿色经济发展，并直接为其提供融资支持，能够充分调动企业的积极性，广泛参与到环境保护的队伍中来。

（四）德国的绿色信贷实践

德国是绿色信贷政策的发源地之一，业务成熟、体系完善。德国银行业是绿色信贷业务和规则制定的主体，在德国银行业中，普遍遵循赤道原则。在审批各种项目的授信情况时，德国的商业银行会在赤道原则的标准下，对项目进行分类，评估不同项目对环境社会的影响和风险，并根据影响与风险差异，提出相应的规避风险策略。同时，德国复兴信贷银行是一家政策性银行，它获得政府支持对金融机构投资环保项目提供补贴，让政府补贴资金发挥出最大的作用。

（五）启示

一是绿色信贷与绿色发展的关键是拥有坚实的法律保障。国外绿色信贷业务成功实践表明，完善的法律体系是其快速发展的关键所在。用法律法规来明确各相关主体的责任范围，将政府、银行和企业结合在一起，形成保护环境的重要机制。通过可操作性很强的法律条款为银行信贷和企业生产提供明确的标准和规范，使得企业在进行项目投资、银行在进行贷款审查时有法可依、有据可查，什么样的行为是允许的、什么样的行为是禁止的。

二是激励机制是绿色信贷发展的动力。政府要积极完善绿色信贷发展的激励机制。银行和企业是制定激励机制的两个主要对象。对使用清洁能源、应用环保技术的企业和大力发展绿色信贷业务的银行提供支持，激励企业开展更多绿色业务，实现成本收益最大化，在提升银行业务水平和盈利能力的同时，实现银企双赢。

三是标准制定是发展绿色信贷的有力手段。细化绿色信贷相关的评估标准，使绿色信贷有章可循。绿色信贷的国际惯例中影响最大的是赤道原则。赤道原则对贷款项目风险程度的分类和适用的环境社会标准划分比较细，对项目融资实施流程有清楚的定义，赤道银行可以很容易将赤道原则修改后形成自己可实施的绿色信贷操作指南。目前，全球大量的金融机构采纳了赤道原则，绿色银行业务遍及 100 多个国家，绿色项目融资总额占全球绿色项目融资市场总额的 90% 以上。

第二节　绿色债券

一　绿色债券内涵与主要特征

2015 年 3 月，国际资本市场协会（ICMA）联合全球 130 多家金融机构共同发布了绿色债券的原则，并给出了绿色债券的明确定义，即将获得的资金用来帮助满足要求的绿色项目，或者是帮助这些项目进行再次融资的债券工具，就是绿色债券。这一定义得到国际业界的广泛认可。在世界银行看来，绿色债券属于债务证券的一种，它能为环境或气候项目筹集所需的资金，并且指出绿色债券与普通债券的区别在于筹集的资金是否专门应用于气候或环境项目。中国政府、机构对绿色债券也制定了明确的定义。2015 年 12 月，中国人民银行将绿色金融债券定义为"金融机构法人依法发行的、募集资金用于支持绿色产业并按约定还本付息的有价证券"；国家发展改革委认为"募集资金主要用于支持节能减排技术改造、绿色城镇化、清洁能源高效利用、新能源开发利用、循环经济发展、水资源节约和非常规水资源开发利用、污染防治、生态农林业、节能环保产业、低碳产业、生态文明先行示范实验、低碳试点示范等绿色循环低碳发展项目的企业债券"。G20 绿色金融研究小组将绿色债券定义为"为有环境效益的绿色项目提供融资的一种债务融资工具"。所以，绿色债券指的是政府、银行、企业等主体，依法面向投资者发行，把筹集到的资金投入符合要求的绿色项目的固定收益类的债务债权凭证。

从本质上看，绿色债券依然是债券，所以它有债券产品本身所具有的优势，然而其资金的投向有着严格的要求，所以它跟普通债券相比，也具有一定的特殊性。绿色债券首先是债券，具有普通债券的功能与特点，能够在一定程度上解决"期限错配"问题。第一，债券产品期限较长、风险较低，收益稳定；第二，根据实际需求，以及市场的具体情况，债券持有者能够将债权灵活地转让出去，从而将本金提前收回来，最终获得投资收益；第三，债券发行成本较低，债券利息可以在税前列支，起到抵税的作用，且与股权融资相比，债券需支付的收益率也较低。绿色债券的最大特点便是"绿色"，即债券募集所得资金的用处限制于支持包括转变落后生产技术、提高能效、降低污染、清洁能源等绿色项目。对这些项目提供资金支持，有利于经济可持续发展，有益于引导市场参与者关注环境问题。绿色债券能够在一定程度上解决财政资金不足以覆盖需要大规模资金的可持续基础设施建设项目的困境。可持续基础建设项目具有规模大、周期长、前期投入资金多等特点，对生态环境、能源资源、居民生活等有重大的影响，但具有极强的外部性，因而一般由地方财政埋单。据相关机构披露，截至 2019 年 11 月底，国内中央政府债务余额为 16.28 万亿元，地方政府债务余额为 21.33 万亿元，负债明显超过了偿还能力。绿色债券能够通过市场化途径在一程度上解决这一问题。

二　绿色债券认定标准

（一）国外绿色债券认定标准

国外主流的绿色债券认定标准主要有两种：《绿色债券原则》（Green Bond Principles，GBP）和《气候债券标准》（Climate Bond Standard，CBS）。

全球首只绿色债券为 2007 年 6 月由欧洲投资银行发行的"气候投资意识债券"。自此，绿色债券开始进入市场。近年来，绿色债券供不应求，市场非常繁荣，投资需求非常强劲，之所以出现这种现象，是因为绿色债券已经成为绿色发展的有力工具，切合全球绿色发展潮流，能满足全球投资者的投资需求。2013 年以来，以国际金融机构和政府为主要的发行主体，全球绿色债券市场发行规模和数量开始显著扩大。为加强规范管理和国际标准协调统一，国际资本市场协会于 2015 年 3 月发布了《绿色债券原则》，标志着绿色债券相关标准正式确立。作为国际绿色债券市场的主要共识性准则，GBP 列举了绿色债券支持的可再生能源、能效、废弃物处理、可持续土地利用等 8 个典型项目类别。与之比肩的另一国际准则来自气候债券倡议组织（CBI）推出的《气候债券标准》，作为国际市场上细分程度最高的标准体系，CBS 规定了能源、建筑、农林等多种绿色行业准则。整体来看，GBP 和 CBS 的标准基本一致，主要包括募投项目的界定与分类、募集资金使用与管理、信息披露和评估认证四部分，一并构成国际绿色债券市场执行标准的坚实基础。

《绿色债券原则》由 ICMA（国际资本市场协会）于 2014 年联合 130 余家金融机构共同研究制定的，目前已更新至 2018 年 6 月。在《绿色债券原则》当中，主要有 4 个核心要素，分别是筹集资金的用途、项目评估和筛选的流程、筹集资金管理、年度报告。其中，筹集资金的用途包括但不限于可再生能源、能效提升、污染防治、生物资源和土地资源的环境可持续管理、陆地与水域生态多样性保护、清洁交通、可持续水资源与废水管理、气候变化适应、生态效益性和循环经济产品、生产技术及流程和符合地区、国家或国际认可标准或认证的绿色建筑。项目的评估和筛选流程强调，绿色债券的发行者，必须要向投资者详细说明该绿色项目的可持续发展目标，衡量该项目是否符合绿色项目的评估流程和标准，包括负面清单以及一些用来对项目相关社会、环境风险进行识别和管理的流程，筹集资金的管理要求把资金净额或等额资金记入独立的子账户，或者是转入独立的投资组合中，也可以让发行者采取别的方法进行追踪，经过发行人内部程序的确认后，可以用到绿色项目的贷款、投资发放中。另外，绿色债券在存续的过程中，必须要结合期间内合格募投项目的状况，对筹集的资金净余额进行追踪，并定期对其作出分配和调整，并且发行人还要告知投资者净闲置资金临时的投资方向。《绿色债券原则》强调透明性，发行人可以聘请专业的审计师或者第三方机构，在绿色债券筹集到一定的资金后，来对这些资金的分配和追踪状况进行复核，让筹集资金的管理更加科学。《绿色债券原则》提出，针对筹集资金的相关使用信息，发行人每年都要做好记录和保存，并且要定期更新，一直到所有的筹集资金都发放出去为止，当发生重大事项的时候，要立刻对使用信息进行更新。在年度报告中，其内容必须要涵盖绿色债券筹集资金的项目配置清单、项目的简单说明、资金配置量、预期效果等多个方面。

《气候债券标准》由气候债券倡议组织（Climate Bond Initi-ative，CBI）于 2011 年发布，现已更新至第三版，允许投资者、政府和其他资产持有者识别"低碳和适应气候变化"的投资且避免"洗绿"。《气候债券标准》设计了一项绿色债券认证审核流程，包括债券发行前与发行后两个阶段。发行前阶段包括发行人准备认证、提供信息表初稿给气候债券倡议组织、审核者进行准备程度评估、提交更新后的信息表和审核报告给气候债券倡议组织以及气候债券标准委员会确认发行前债券认证；发行后阶段包括发行人终止债券认购并发行债券、募集资金分配到项目和资产上、审核者进行审核、发行人提交更新后的信息表和审核报告给气候债券倡议组织以及气候债券标准委员会确认气候债券认证。

（二）国内绿色债券认定标准

国内绿色债券认定标准主要基于两份指导文件：一个是《绿色债券支持项目目录》，该文件是由我国金融学会绿色金融专业委员会制定的；另一个是《绿色债券发行指引》，该文件是由国家发改委办公厅制定的。

《绿色债券支持项目目录》坚持以具有显著的环境效益为重要标准来对项目进行甄别，将可以获得债券支持的绿色资产当作基本维度进行筛选，从而合理划分绿色债券的支持领域，让我国绿色债券具有更高的绿色水平，给绿色项目提供了一个统一的参考认定标准，增强了绿色债券投资者的辨别能力，有助于控制绿色项目投资风险，完善绿色金融体系的规范。《绿色债券支持项目目录》共有 6 个一级目录、25 个二级目录、48 个三级目录、204 个四级目录。一级分类又包括 6 个类别，分别是节能环保型产业、清洁生产型企业、清洁能源型产业、生态环境型产业、绿色服务型产业、基础设施绿色升级；四级目录已经具体到项目名称，并附带对该项目的说明和条件。例如，"节能锅炉制造"隶属于节能环保产业，明确指出高炉煤气、生物质成型燃料、固体可燃废弃物等燃料电站锅炉、工业锅炉、船用锅炉等装备制造及贸易活动，其中，工业锅炉能效明确达到或优于相关设备能效标准 2 级及以上能效等级，其他锅炉能效达到或优于相关设备技术规范热效率指标目标值要求。

《绿色债券发行指引》明确了绿色债券的定义，并规定 12 个项目需要重点支持，分别是改造节能减排技术的、绿色城镇化的、能源清洁利用效率的提升、新能源的开发和利用、循环经济发展、节约水资源与非常规水资源的开发利用和污染防治、生态农林业、节能环保产业、低碳产业、生态文明实验、低碳发展试点。关于审核，《绿色债券发行指引》还提出了 6 个明确的要求：第一，当有了齐全的手续、完善的偿债保障措施之后，与简化审核类的债券相比，绿色债券要有更高的审核效率。第二，当企业提出发行绿色债券的申请后，可以对企业当前的债券审核政策，以及《关于全面加强企业债券风险防范的若干意见》中一些准入条件进行适当的调整，比如债券筹集到的资金在项目投资总额中所占的比重可以放宽到 80%；企业发行绿色债券之后可以不再受发债指标的限制；如果资产负债率不足 75%，那么在确定发债规模的时候，无须考虑企业其他信用类产品的规模。第三，企业在发行绿色债券之后，可以在债券资金的作用下，对债务结构进行优化调整。如果有完善的偿债保障措施，企业可以用 50% 以内的债券筹集资金去偿还银行的贷款，或者是用来填补运营所需要的资金。如果发行主体的信用等级为 A +，且经营水平良好，则可以用筹集到的资金去置换绿色项目建设过程中产生的高额债务。第四，结合项目资金回流的情况，发行债券的企业可以自行设计发行绿色债券的方案，可以灵活调整债券的期限、选择权以及还本付息的方式。第五，针对那些环境污染第三方治理企业组织的区域性、流域性、同类污染治理项目，以及节水、节能公司通过提供某种服务而从目标客户身上获取节水、节能收益的节水节能改造项目，项目实施主体可以通过集合的形式来发行绿色债券。第六，针对机构投资者，可以用非公开的方式发行绿色债券。但需要注意的是，采用这种方式，认购的机构投资者数量不得超过 200 个，认购的单笔金额必须要在 50 万元人民币以上，并且不能用变向公开、公开诱导、广告等手段。

三　绿色债券的国际实践与启示

（一）国外绿色债券的制度设计

第一，政府或者是开发性的金融机构可以直接发行绿色债券。环境问题属于公共问题，并且有着极强的代表性，因此绿色债券在最初发展的时候，其发行主体主要就是政府和开发性的金融机构，比如巴黎、斯德哥尔摩等地区的政府，都曾经发行过一般责任型的绿色债券，再比如夏威夷政府针对绿色基础设施发行的收益型债券。另外在美国和英国的一些地区，还有专门成立的绿色银行，以发行绿色债券的方式，来为绿色项目提供资金支持。在发行绿色债券的过程中，政府的直接参与不仅可以让其在公共领域中发挥更大的作用，还能发挥示范性效果，同时，让开发性的金融机构成为绿色债券的发行主体，能为绿色债券相关产品提供良好的流通渠道。

第二，通过各种不同的增信手段，最大限度地降低绿色债券违约的风险。在发达国家中，几乎发行的所有绿色债券中都包含了增信机制，普遍做法是为绿色项目提供担保或其资产及收益权能够在金融机构进行抵押融资。比如在德国，柏林商业银行以特定绿色项目的资产作为抵押发行绿色保证债券；在美国，纽约州能源研究发展局为发行绿色资产支持证券提供担保。

　　第三，在财税方面出台一系列优惠政策，从而让绿色债券更具吸引力。分析发达国家绿色债券的发展经验发现，从财税角度出发实行优惠政策是一个非常有效的做法，具体手段包括价格补贴、减免税收、贴息等。比如，在美国，绿色债券的持有者在满足要求之后，就能从联邦政府获得一定的税收优惠，或者是向政府申请补贴，从而减少支付债券利息，另外，还可以直接用现金退税的方式来为发行人提供补贴，比如在巴西，绿色债券的投资人可以免缴利率所得税。

　　第四，针对绿色债券业务制定比较完善的标准化管理体系。跟普通的债券相比，绿色债券具有一定的特殊性，因为其筹集到的资金主要用于绿色项目领域，因此从发行管理的角度来看，绿色债券与具有一定的特殊性。2014年，国际资本市场协会与绿色债券原则执行委员会达成合作，共同制定了绿色债券原则，即GBP标准，之后气候债券倡议组织又制定了CBI标准，这两个标准之间是相互补充的关系，这标志着绿色债券业务的标准化管理体系已经比较完善。这两个标准的出台，共同制定了对绿色债券进行管理的具体方针，其内容涉及绿色债券的含义、投资项目的具体范围、绿色债券项目的筛选与评估、筹集资金账户的管理、资金利用效益的评估等多个方面，除此之外，这些内容还要有专业的第三方机构来作出评估和认证，并且要定期向社会公开。

　　（二）绿色债券市场规模快速扩大

　　绿色债券起源于2007年欧洲投资银行（EIB）发行的"气候意识债券"（CAB），该债券被视为全球首只绿色债券。2008年世界银行发行了其第一只绿色债券来减缓气候变化，并通过自身实践建立了绿色债券的发行框架，或为重要而有效的绿色金融工具。绿色债券基本由AAA级的多边组织发行。自第一只绿色债券发行开始，世界银行的绿色债券交易数量累计达到70

笔，国际金融公司也发行了等规模的绿色债券。世界银行和国际金融公司都是高信用评级的金融机构，成为吸引投资者的巨大优势，绿色金融实践大大推动全球绿色债券市场的发展，债券发行筹集的资金也有力支持了众多应对气候变化的绿色项目。在很多国家，将绿色债券筹集到的资金，都投入到了可再生能源项目中，极大地推动了可再生能源产业的发展。国际金融公司在发行绿色债券后，可以为可再生能源产业、节能产业的发展提供强大的资金支持。如投资南非发电向太阳能转型项目，亚美尼亚节能住宅项目等。

绿色债券作为一种融资手段，能够推动世界范围内的可持续发展，2013 年以前，其发展速度还不是很快，但是在 2013 年之后，绿色债券出现了疯狂增长的趋势，仅 2013 年一年时间，世界范围内绿色债券的发行量就高达 110 亿美元，2014 年其规模达到了 366 亿美元，2015 年，其发行规模高达 424 亿美元。根据彭博社新能源财经（BNEF）的数据，自 2007 年首次发行以来，截至 2020 年 9 月底，全球绿色债券发行规模已经突破 1 万亿美元大关。仅 2020 年，全球发行绿色债券价值已经超过 2000 亿美元，较之去年同期的 1—9 月，增加了 12%，这主要得益于 2020 年 9 月的绿色债券发行量超过 500 亿美元。

（三）市场参与日益多元化

目前，绿色债券的发行主体有很多，比如世界银行和挪威银行等多边开发金融机构、伦敦和巴黎等地方政府、微软和福特等工业企业、巴克莱银行和德意志银行等商业银行、中央银行等，都可以发行绿色债券，另外，像麻省理工等高等院校也可以发行绿色债券，从而将筹集到的资金用于绿色建筑领域。从投资者角度来看，绿色债券的投资者规模逐渐扩大，早就突破了以往公共机构和中央银行的限制，一些大型的企业、财富管理机构等也成了绿色债券的投资者。从产品角度来看，绿色债券在多年发展的过程中，其产品种类也朝着多元化的方向发展，市场上出现了绿色资产证券化、绿色项目收益债券、和绿色指数或投资有关的衍生债券等各种不同的产品。

（四）债券类型不断多样化

在绿色债券发行主体越来越多样化的过程中，债券的种类也趋于多元化，比如项目债券和收益债券的发行也开始增多。2014 年，丰田金融服务公司以汽车租赁的现金流为抵押，发行了第一款 ABS 绿色债券，开拓了绿色 ABS 市场。商业银行如挪威银行、美国银行、澳大利亚国民银行、Yes Bank 和澳新银行也开始利用绿色债券所筹资金为各类可再生能源项目提供融资。市场上的其他品种还包括零息债券，通常期限较长（10 年左右），缓解了发行人在债务期限内的现金流和利息支付压力；同绿色指数挂钩的可变利率债券，其浮动利率部分往往同绿色能源价格或者绿色指数挂钩，例如中广核风电发行的碳排放权价格挂钩债券等。

另外，与一般债券相比，绿色债券具有一定的特殊性，其筹集到的资金主要用来投资绿色项目，因此在国外，绿色债券还要由第三方机构来进行专业的认证。分析国外发展的经验发现，在发行的所有绿色债券中，有一半以上都经过了绿色认证，并且大部分都获得了气候债券倡议组织和国际气候环境研究中心的认证报告。

（五）启示

第一，明确绿色债券与绿色标准的准则，是推动绿色债券市场发展的关键。根据国际绿色债券发展趋势，绿色债券的标准化和透明化程度正在提高，随着越来越多发行人、金融机构和市场主体加入标准制定和统一进程，"绿色债券准则"将成为市场发展的关键。中国应该把握这一时机，加快构建绿色债券标准。目前现行绿色债券国际标准是市场自发形成的，其前提是政府的环保法律和制度已经比较完善，中介评估机构也比较发达。对中国而言，环境责任制度和法律框架还有完善空间，加之绿色债券探索时间较短，不能仅靠市场自发建设标准，而对具体项目选择如果完全参照外国标准又不符合中国发展的实际，因此，迫切需要政府推出权威性的中国"绿色项目和绿色资产"标准。

第二，政府需要对绿色项目的发展提供更加全方位的扶持，建立起良好的绿色债券市场的发展基础。绿色债券市场的发展是一个系统性工程，离不开绿色投资理念的全面推广以及对绿色项目的全面扶持。环境项目的建设周期长，具有巨大的外部性，不能完全将利益关系通过市场价格反映出来。如果过度依赖于市场价格信号，会导致其总效益被低估，增加债券融资的成本，因此，在最开始发展的时候，政府就要出台一系列的鼓励性政策。

第三，建立完善的市场监管体系，为绿色债券市场发展提供制度保障。中国目前在信息披露、制度监管和中介监督等方面还有很多工作可以开展，上市公司或债务发行主体的环境信息披露工作也有待提升，环境和绿色评级机构和体系还需进一步培养。政府可从上市公司等入手，要求上市公司和债务发行人进行环境信息披露，对相关项目的环境影响公开评估，鼓励和发展中介机构的环境与绿色评级。

第四，公共机构示范发行是推动绿色债券市场早期发展的突破口。国际范围内绿色债券发展早期均以国际多边开发机构和区域开发机构为主导。市场初建期由公共部门发行绿色债券，能够起到宣传绿色投资理念的作用。

第三节　绿色基金

一　绿色基金的内涵

为了保障节能减排、低碳环保、环境保护等有关项目的顺利实施而专门建立的投资基金，就是绿色基金，即利用资本投入的方式，来推动节能减排产业的发展。在绿色金融工具领域，绿色基金属于一大创举，它能够将各种不同的投资方式集合在一起，从而整合政策、资源、资金、信息、技术等各方面的优势，通过股权投资的手段，在企业绿色项目的经营过程中发挥作用，在投资开始之前，就设计好了之后项目退出的方式，所以其市场化运作机制相对来说比较完善，发展潜力也比较大。

绿色基金因其种类的多样性，可以为不同的绿色项目提供融资服务。通过绿色基金这个平台，能够将多个融资手段与工具集合在一起，组成各种不同的融资组合，集中优势来降低绿色项目融资的成本和风险，同时还能将社会资本尽可能多地聚集在一起。此外，绿色基金属于资金平台，还能集合各种新的技术和商业模式，通过技术创新、商业模式的创新、产业链的延伸等手段，来提高获利能力，在这个基础上，结合融资成本的降低，将原来具有投资价值但市场前景与盈利预期未能获得市场认可的绿色项目投放市场。

二　绿色基金的类别

绿色基金类别多样，包括绿色产业基金、绿色产业并购基金、绿色区域 PPP 基金等，绿色基金主要是针对不同绿色项目提供不同的股权融资方案。

（一）绿色产业基金

绿色产业基金属于产业投资基金的范畴。国内普遍认为绿色产业基金是对未公开发行股票的企业进行股权融资，包括帮助企业规范内部管理和提升企业价值等在内的投资安排，从而实现利益共享，共同分担风险，将基金份额面向多个投资者发行，从而成立基金公司，基金管理人既可以由基金经理担任，也可以聘请专业的基金管理机构，由基金管理人进行托管，从而进行专业绿色项目投资等。

（二）绿色产业并购基金

绿色产业并购基金是私募股权投资形式的一种。和绿色产业基金相对应，绿色产业并购基金往往会选择那些发展比较完善的上市企业。在绿色产业并购基金的作用下，能够让产业具有更高的市场集中度。结合上市企业所处行业的具体特征以及其个性化的要求，产业并购基金能够从横向和纵向两方面，对产业进行整合，不仅可以提高企业的核心竞争力，还能让行业资源更加集中，即通过市场化的运作，将产业资源聚集在优势企业中。绿色产业并购基金还有利于吸收民间资本，让绿色产业的发展得到民间资本的支持。因为民间资本具有逐利性的特征，所以在对其进行转化的时候，绿色产业并购基金有着极大的优势，能够轻松地吸引民间资本参与进来。在上市公司现有资源的基础上，绿色产业并购基金能够很好地运作，另外借助上市公司这个平台，绿色产业并购基金能够快速退出市场，跟以往的风险投资、私募股权投资等投资基金比起来，其项目在退出时，并不会受到新发行股的影响，项目的预期收益比较稳定，能够吸收大量的民间资本，同时还能推动以往风险投资、私募股权投资等股权投资基金的转型。

（三）绿色区域 PPP 基金

蓝虹是国内最早提出绿色 PPP 区域基金概念的学者，其论文《建构以 PPP 环保产业基金为基础的绿色金融创新体系》① 和《PPP 创新模式：PPP 环保产业基金》② 中对绿色 PPP 区域基金的概念进行了系统阐述。在《PPP 创新模式：PPP 环保产业基金》中，蓝虹、刘朝晖分析了国内绿色投资项目现状，认为中国还存在很多绿色项目缺乏资金投入，其中一个重要的原因是这些绿色项目基本上没有收益或收益很低，导致投资人却步，因而他们提出，绿色 PPP 区域基金最大的作用就是能够帮助无收益或低收益绿色环保项目解决融资难题。绿色区域 PPP 基金不仅具有 PPP 融资特点，而且具有产业基金的特征，非常适合于城市生态环境建设、海绵城市建设、流域水环境保护等绿色环保项目投资，并且对应于整个项目包，能够将中低收益和无收益项目与高收益项目进行混合打包，使得整个项目包的收益能够达到市场预期，满足投资者投资需求，从而解决低收益和无收益项目融资困境。此外，绿色 PPP 区域基金还将融资、建设与运营结合在一起，可实现环保产业从游牧狩猎时代向定居农耕时代转换，因此具有很多优势。绿色 PPP 区域基金设计主要从以下三方面考虑：一是责权明晰、风险分担、利益共享的 PPP 契约是 PPP 环保产业基金设计的基础；二是项目包内各产业链的设计是提升环保项目利润从而吸引社会资本的关键；三是基金的融资方案设计是降低融资成本、获得广泛社会资本投入的重点。

三　国际绿色基金的发展及启示

（一）国际绿色基金的发展

20 世纪 60—70 年代，世界范围内展开了环保运动，1982

---

① 蓝虹、任子平：《建构以 PPP 环保产业基金为基础的绿色金融创新体系》，《环境保护》2015 年第 8 期。

② 蓝虹、刘朝晖：《PPP 创新模式：PPP 环保产业基金》，《环境保护》2015 年第 2 期。

年，美国建立了 Calvert Balanced Portfolio A，在这只绿色基金的考核标准中，首次纳入了环境指标。之后的 1988 年，英国也建立了自己的绿色投资基金，即 Merlin Ecology Fund。

研究国外绿色金融发展和经验可以发现，英国的绿色投资银行，是全球第一个从事绿色经济投资的银行，其主要目的就是在基础设施融资过程中，解决市场缺失的问题，通过吸引私人资本投资的方式，来推动绿色金融的发展。

近些年，绿色基金在日本、美国等国家获得了飞速发展。因为在不同的国家，其金融市场的发展程度有所不同，所以绿色基金的发展也呈现出不同特征。在发达国家中，绿色基金主要由机构来发行，比如说 1996 年，美国建立了社会投资论坛，从这以后绿色基金进入了飞速发展时期。但是在日本，因为自然、人文等因素的影响，其公民环保意识比较强烈，所以企业大部分都是自愿、主动地改善生态环境，为绿色基金的发展营造了一个有利的外部环境。

相比其他国家，美国的社会责任投资（SRI）发展时间比较早，并且已经形成了完善的市场体系。美国从推出第一只绿色投资基金之后，其绿色基金就获得了快速发展，为美国社会带来了巨大的经济效益、社会效益和生态效益，同时也使得大量 SRI 把生态环境当作重要的衡量指标，以股东对话的方式，来提高对企业环境的重视程度，这就是美国绿色投资基金最开始的发展形式。

当前，社会责任投资基金的发展，已经得到了欧洲很多国家的广泛关注。在欧洲西部，社会责任投资基金发展迅速，已经迭代到了第三代，而且产品重点集聚环境等方面，另外，其资产增长的速度已经远远超过了市场资产增长的平均速度。在欧洲各个国家，SRI 资产的投资策略、资产配置状况、资产平均增长率、投资者结构等都有很大的不同。为了推动环境的可持续发展，在应对气候变化的问题时，可以参考欧洲投资基金的做法，2008年，欧盟委员会建立了全球效能与可再生能源基金，即GEERE，其组织结构为PPP模式，在公共部门的资金支持下，为中小型的项目开发者或者是企业提供股权投资，比如可再生能源项目、绿色基础设施项目等，从而让绿色基金发挥投资杠杆的作用。

1990年，世界银行和联合国开发计划署、环境规划署达成合作，共同创立了全球环境基金会，又叫绿色基金。对整个国际社会来说，这是各个国家就环境问题加强了解、达成合作迈出的重要一步。全球环境基金会中，有一笔规模达13亿美元的专项基金，为期3年，这就是我们所熟知的绿色基金。该基金会由世界银行来代管，负责对基金进行全面管理，而联合国的环境规划署，则负责组建一个科学技术顾问小组，来为基金会提供咨询服务，对项目的评估与选择进行指导，开发计划署在世界范围内都有自己的机构联网，能够对基金会的工作起到很好的协调作用。基金会特别重视的主要有以下四个领域：一是减少氟氯化碳类物质的使用。主要应对全球臭氧层被破坏的问题，臭氧层被破坏甚至枯竭将会严重影响全球生物，因此该基金支持减少氟氯化碳类物质的使用。二是全球气候变暖的问题。在气候变暖的压力下，社会资金会更多地流向那些限制温室气体排放、可再生能源、回收利用率较高的热能项目中。三是保护生物多样性。四是保护全球水资源。水资源是全球生物必不可少的资源，全球水资源污染越来越严重，导致人类各种疾病频发，因此基金支持污染防治，减少化工产品的使用。此外，为了加强世界各国环境协作，该基金也积极支持并贡献巨大，比如说《关于消耗臭氧层物质的蒙特利尔议定书》的制定，该文件的实施，让《保护生物多样性公约》在设置基金的时候，有了一个具体的参考模式。里约热内卢在1992年召开了联合国环境发展大会，会议通过了《保护生物多样性公约》。

（二）启示

第一，在绿色基金的作用下，能够有效扩展融资渠道，推动投资主体向着多元化的方向发展。用长远的眼光来看，绿色产业基金内的资金，大部分都是民间资本。利用制度、政策的调整，拓宽绿色产业基金融资渠道，吸引社会资本、商业机构、长期资本、财政资金、境外资本等投资绿色产业基金，形成多元化投资主体格局。

第二，绿色产业基金的组织形式要做到因地制宜。从长远的角度来看，绿色产业基金比较适合有限和合伙制，因为这种组织形式可以把人才和资本结合在一起，让责任、权利和义务更加明确，让决策更加专业，不仅可以管理人的行为起到激励与约束的作用，还能降低合伙人所面临的风险。

第三，抓住外资发展的机会，推动绿色基金走上可持续发展的道路。引进外资是推动城市绿色发展的一个重要手段。当前，我国有很多基金，其中也有一些会涉及绿色产业，但针对性不是很强，也没有专业人员进行指导，市场无法积极参与进来。再加上国际市场的影响，产业基金在发展的过程中，除了可以吸收国内资本之外，还需加大支持境外资本投资力度，吸引更多境外专才，并成立绿色产业基金项目库，从而在技术和资金两个方面，获得国际金融机构的支持，让资金得到充分利用。

第四，大力发展环保并购基金。相关数据表明，从 2015 年开始到现在，已经有 20 多家上市企业成立了环保并购基金，比如万邦达、盛运环保、上风高科等知名企业。在中国，企业设立的环保并购基金多为"上市公司 + PE"模式，即上市企业与 PE 达成合作，共同成立环保并购基金。这样一来，可以让上市企业更好地承担社会责任，同时还能吸引大量民间资本，为低碳环保产业的发展提供资金支持[①]。

第四节 绿色保险

一 绿色保险的内涵与作用机制

绿色保险是治理环境风险的有效机制，具有社会化和市场化的特征。从狭义角度来看，绿色保险属于商业保险的一种，其保险对象就是保险人因为污染空气、土地和水等自然资源，所需要依法承担的赔偿责任，我们也可以称其为环境责任保险。在中国，绿色保险主要侧重于环境污染责任险方面。从广义角度来看，绿色保险是可持续金融的一种，它包括环境保险和气候保险两个层面。其中环境保险指的就是狭义角度的绿色保险，气候保险则主要为那些承受气候风险的生命、资产提供保障，更深入地来看，气候保险还包括灾害保险、低碳保险两种类型，其中灾害保险是以被动适应的方式，将气候变化造成的危害转移或者分散出去，而低碳保险则是通过主动干预的方式，最大程度上降低气候变化造成的不利影响。

在联合国的环境规划署金融行动看来，保险可以从 3 个方面来应对环境风险：第一，构建绿色保险补偿机制，通过金融风险定价的原理，对环境中潜在的风险进行识别，对环境风险进行量化和评估，让环境风险实现可保。第二，建立完善的环境风险管理体系，通过灾害学、风险管理等理论知识，建立气候异常变化的预警机制，提前采取有效措施来应对气候变化造成的影响，让社区具备更强的防灾能力。第三，建立绿色融资体系，构建有效的外部约束和激励机制，让外部性的环境风险内生化，减少高能耗、高污染型项目的投资，让更多的社会资

---

① 安国俊：《绿色基金发展的国际借鉴》，《中国金融》2016 年第 16 期。

源和资金流入低碳环保、环境友好型的产业中。

二 绿色保险产品

（一）国外绿色保险产品

在国际范围内，绿色保险产品主要涵盖 3 个方面，分别是保护环境、应对灾害和提倡绿色，这三方面包括了传统保险产品与服务的所有领域。从风险管理方面来看，环境保护强调让保险定价原理发挥最大的作用，从而推动环境风险外部化，应对灾害强调要充分利用保险风险分担机制，从而让巨大灾害具有更强的可保行，提倡绿色是保险在国际绿色行动中积极参与、提供定制化保障的重要机制。

第一，环境保险，在全球范围内，环境污染责任保险已经发展成通用的市场化环境风险治理机制，一般指加害人对其环境污染（和其他公害）行为给受害人造成的财产损害、人身损害、精神损害和环境损害进行的赔偿。另外，随着绿色概念受到社会各界的广泛关注，除了企业之外，一些个人消费者也会对绿色保险产品产生需求，借助一些绿色产品，这些保险可以为客户在费率上提供优惠，鼓励人们保护环境，形成低碳消费的行为。当前，在汽车、商业、住宅等领域内，已经推出了很多成熟的绿色保险。

第二，气候保险，气候保险主要是为那些承受气候风险的生命、资产项目提供保障。[1] 它确保个人、社区、国家和区域一级拥有有效和迅速的灾后财政支持。气候风险大致可以分为毁灭性的天灾如台风、洪水等造成的财产破坏，以及因为对降雨量、温度、积雪量、风速等天气因素变化特别敏感所造成的营

---

[1] Schäfer L., Waters E., Kreft S., et al., "Making climate risk insurance work for the most vulnerable: seven guiding principles", *United Nations University Institute for Environment and Human Security (UNU-EHS)*, 2016.

业收入减少两大类。加剧的气候变化和频繁增加的极端天气事件所造成的损失，而气候保险能为之提供保障。气候保险以"确定的小额定期保费支付"来代替"不确定的损失前景"。保险的财务报账存在事后和事前两种机制：事后保险，保障家庭免受实际风险的经济影响；以及事前保险、确保投资、规划和开发活动在可承受范围内。

气候保险可以在个人、社区、国家、区域（国际）和全球各级发挥很大作用：为灾后的资产损失、升级甚至生活提供安全保障；确保灾后可靠而有尊严的地位；制定预防激励措施；为天气影响的公私投资创造确定性，缓解灾害性贫困，刺激经济发展。气候保险可以在三个层面上实施：微观、中观和宏观。微观对应于个体，投保人有农民、商贩或者渔民等；中观对应于协会、互助、信用合作社或非政府组织等风险聚合者，气候保险向风险聚合者提供支持，再作用于相关的个人；宏观则对应于政府或者国家机构，支付可用于管理流动性差距，维护政府服务或自主灾后方案和目标群体的救济工作。

第三，巨灾保险，国际保险市场在分散巨灾风险的时候，主要是利用巨灾衍生品来实现的，巨灾衍生品属于金融工具的一种，它能够将保险精算原理、聚在模型理论、金融工具结合在一起，从而为巨灾损失提供融资，是巨灾领域内保险证券化的具体表现。比如我们常见的巨灾债券，在特定的地理范围内，为单一的或者综合性的巨大灾情提前进行融资。

第四，低碳保险，在 2005 年的《京都议定书》中，正式通过了清洁发展机制，即 CDM，这是一种碳交易机制，并且得到了国际社会的广泛认可，在 CDM 的支持下，发达国家和发展中国家之间可以达成合作，共同努力减少温室气体的排放，任何一个 CDM 项目，都要向联合国清洁发展机制执行理事会提出注册申请，审核通过之后才能获得一定的碳信用额度。当前，国际上推出的碳保险面向的主要是 CDM 项目在运营、交付、交易对手、政治等方面的风险，保险产品主要有：CDM 项目工程险、碳排放信贷担保险、碳损失保险等。

（二）国内绿色保险产品

绿色保险能够对生态环境风险进行有效管理，属于市场管理手段的一种，其中代表性最强的就是环境污染责任保险，其保险标的为企业污染事故损害第三方时应依法承担赔偿责任。在中国，环境污染责任内保险是绿色保险最主要的产品，其保险标的同样也是企业因污染事故而对第三方造成损害后，依法应承担的赔偿责任。[①] 早在 1991 年，国内保险机构和环保管理部门已经试点环境污染责任保险，主要是从国内几个大城市开始试点，但是未能得以持续。[②] 2006 年，国务院出台了《关于保险业改革发展的若干意见》，其中明确提出要加快环境责任保险的发展。2007 年，国家环境保护总局和中国保险监督管理委员会（以下简称保监会）共同出台了《关于环境污染责任保险工作的指导意见》，提出"截止到 2015 年，要建立完善的环境污染责任保险制度，同时要将其推广到世界范围内"。从这以后，中国环境污染责任保险的试点工作开始进入飞速发展时期。湖南、江苏、浙江、河北、辽宁、上海、四川、湖北、福建、重庆、云南、广东等地都是重要的试点地区。对试点行业和企业都做了明确规定，包括与危险化学品生产、经营、储藏、运输和使用相关的企业、容易造成污染的石油化工企业以及危险废物处置行业。在承保范围上，主要为突发性的环境污染事故造成的环境责任。但是，在这段时期，并没有很多企业参保，

---

① 国家环境保护总局、中国保险监督管理委员会：《关于环境污染责任保险工作的指导意见》，2007 年 12 月。

② 陈冬梅、段白鸽：《环境责任保险风险评估与定价方法研究评述》，《保险研究》2014 年第 1 期。

且环境风险比较高的企业参保比例也比较低。

2013 年，环保部门和保监会出台了《关于开展环境污染强制责任保险试点工作的指导意见》（以下简称《意见》），标志着国内正式开始试点环境污染强制责任保险，这是一种强制型保险，意味着相关制度建设已经转向。在《意见》中还指出要在 15 个城市开展环境污染强制责任保险，主要是在环境风险较高的产业（如石油化工、重金属等）开展试点工作。随后，各地也出台了相关实施方案，针对环境污染较高产业或行业开展环境污染强制责任保险。2014 年 4 月，《环境保护法》增加了修订内容："国家鼓励投保环境污染责任保险"。2015 年，《生态文明体制改革总体方案》出台，其中明确指出，要在环境风险较为严重的领域加快建立环境污染强制责任保险制度。

三　启示

在不同的国家，其法律传统、国内环境、宏观政策、经济水平等均有所不同，所以其制定的环境损害责任保险制度也有很大的差异。研究境外环境责任保险实践过程会发现，不管是哪个国家，要想发展环境责任保险制度，都要经过一个循序渐进的过程。从另一个角度来看，各国之间的环境责任保险制度，也存在一些共同特征，具体如下。

（一）强制环境责任保险成为发展趋势

当前，环境污染事故多发且越发严重，强制性环境责任保险更受市场认可。强制性环境责任保险不仅可以减轻环境污染事故责任方经济赔偿压力，而且能够最大程度上保障受害方的权益，维护社会的公平，因此，强制性环境责任保险已成为发展趋势。无论是美国的强制投保、法国的任意责任保险原则，还是德国的强制保险和财务保证、担保相结合，其本质都具有强制性的色彩，即都是以法律形式来做出具体的要求。其区别就是强制保险到底是占主要地位还是辅助地位，或者有没有把强制性保险和别的财务担保机制等其他一些条件结合起来。

强制性环境污染保险业务主要是针对污染严重项目或企业，其环境风险非常高，且其处于环境问题最关键位置，所以对其采取强制性的环境责任保险，能为风险预防与损害赔偿提供有效保障。但是，在所有环境污染责任保险业务当中，强制性保险业务所占比重并不算高。当前，各国在实施强制性环境污染责任保险过程中，均采用制定名录的方式进行强制管理，同时各国根据具体管理对象，如设备、产品等和具体管理要求，以环境风险评价为标准对不同管理名录类型进行区分。

随着时间的推移，各国在环境风险的测评方面，技术、能力水平都有所上升，并且已经积累了很多成功经验，环境责任保险也在从单一性向着全面性转变。不管是大气、水等环境污染领域，还是偶然性或连续性的环境损害领域，都被纳入了环境责任保险体系范畴内。

（二）承保主体明确，趋于联合与统一

对法国联保集团以及美国专业环境保险公司的环境责任保险承保主体进行分析发现，国外环境责任保险都有两个共同特征：第一，针对承保的主体，其政府有一定的选择空间，而不是处于放任状态。因为环境责任保险有外部性、公益性的特征，所以其营利性目的并没有那么强烈，各国主要是通过政府建立专业的环境责任保险公司来构建完善的环境责任保险机制，而并不仅仅依靠私人保险公司来主动承担环境责任保险。第二，统一化、联合化的承保主体成为趋势。保险公司在开展环境责任保险过程中，因自身技术水平有限，且环境责任保险异常复杂，涉及社会方方面面，导致保险公司风险敞口较大，而成立专业环境责任保险公司、联保集团，能够弥补保险公司技术上的不足，并提升保险公司环境风险评估能力，同时，由于平台业务规模扩大和集聚，能进一步提高保险公司、联保集团的抗风险能力，推出更加完善的保险产品和服务，从而获得更多的利益，并构建一个有序的循环。

（三）法律规范明确

分析国外有关法律发现，其法律体系存在以下共同特征。第一，从法律层面肯定环境责任保险的强制性地位，比较而言，在中国的法律体系中，并没有关于强制性责任保险的内容，在法律条款的作用下，强制性的环境责任保险在这些国家得以贯彻落实。因为企业具有营利性的特征，如果不能从法律层面上肯定环境责任保险的强制性地位，将使环境风险规避变得困难。第二，因有关法律条款完备，受害者申请赔偿变得非常及时有效。美国《密歇根州环境保护法》指出，即使是个人无法提供自己因环境污染而受到利益损害的证明时，也可以向法院提起诉讼，在环境侵权案件当中，受害方处于劣势地位，无法从侵权主体处得到内部消息，所以很难找到对自己有利的证据，无法证明侵权主体对自己的人身、财产安全造成了损害。而转移举证主体的做法，不仅可以对侵权主体进行有效的监督，还能最大程度上保障受害者的合法权益。

除此之外，德国《环境责任法》指出，当发生环境侵权案件的时候，根据受害者的具体要求，设备所有者必须要提供相关资料，说明所用设备、排放物质的类型和浓度，同时还要按照环境行政法的规定，依法履行相关义务，在这条规定下，受害者可以要求企业提供相关信息。在建立环境责任保险的过程中，信息不对称的现象是普遍存在的，而该法律规定的出台，则能够很好地解决这一问题。

第五节　碳金融

一　碳金融的内涵、类型与主要产品和服务

(一)　碳金融的内涵

碳金融的定义有广义和狭义之分。狭义的碳金融指的是提供给购买温室气体减排量项目的资源；广义的碳金融指的是应对气候变化的市场解决手段。[①] 因此，从狭义角度来看，所谓碳金融，即根据政府对温室气体排放权的分配情况，企业之间开展市场交易而产生的金融活动；从广义角度来看，所谓碳金融，即所有限制于碳排放的金融活动，除了碳排放权配额和其金融衍生品的交易活动之外，还包括碳减排基础上的直接投资、融资活动，以及有关金融中介等服务。[②]

"碳金融"的兴起源于国际气候政策的变化以及两个具有重大意义的国际公约———《联合国气候变化框架公约》（以下简称《公约》）和《京都议定书》。联合国在 1992 年制定了《联合国气候变化框架公约》。《公约》由序言及 26 条正文组成，具有法律约束力，其最终的目标就是控制温室气体的排放，将其浓度控制在一个合理且稳定的水平上，人类在这个水平上进行的活动，并不会对环境系统造成危害。《公约》中有"共同但不相同的责任"原则，即在发达国家和发展中国家之间，各国需要承担的责任和履行的义务有所不同，发达国家是温室气体最主要的排放主体，需要制定具体有效的措施来控制温室气体排放，同时还要在资金方面为发展中国家提供支持，帮助他们更好地履行公约所规定的义务。发展中国家的主要义务是提供温

---

① Labatt S., White R. R., *Carbon Finance: The Financial Implications of Climate Change*, New Jersey: Wiley Press, 2015, p. 151.

② 王波：《我国绿色金融发展的长效机制研究（2019）》，企业管理出版社 2019 年版。

室气体源和温室气体汇的国家清单，严格贯彻执行与温室气体源、温室气体汇有关的方案措施，无须承担有法律约束力的限控义务。《公约》中的第一个附加协议于 1997 年在日本正式通过，又叫作《京都议定书》（以下简称《议定书》）。《议定书》第一次规定发达国家有强制减排的义务，并制定了其减排的具体目标，从整个人类史的角度来看，《议定书》是第一个具有法律约束力的减排文件。2008—2012 年《议定书》的第一个承诺期之内，发达国家的温室气体排放量应在 1992 年的基础上平均减少 5.2%。在《议定书》中，为温室气体减排找到了新的途径，即市场机制，也就是说，用商品的角度来看待二氧化碳排放权，并就此展开交易，这就是我们所说的碳交易。详细来说，《议定书》为了实现减排的目标，制定了 3 个灵活的合作机制，分别是国际排放贸易机制（ET）、联合履行机制（JI）、清洁发展机制（CDM），在这些机制的允许下，发达国家可以利用碳交易市场来完成减排的任务，并且还能从资金和技术两个方面为发展中国家提供支持，具有较强的灵活性。

《巴黎协定》促进"碳金融"的进一步发展。2015 年，《联合国气候变化框架公约》的 200 个缔约方召开了巴黎气候变化会议，会议通过了《巴黎协定》，该文件在 2016 年开始生效。从《京都议定书》之后，《巴黎协定》是第二个具有法律效力的气候协议，为 2020 年之后世界各国面对气候变化提供了指导意义。《巴黎协定》有一个长期的目标，即以前工业化时期为基准，要将世界平均气温增长的幅度控制在 2 摄氏度之内，且要将温度上升幅度限制在 1.5 摄氏度以内。《巴黎协定》为全球低碳转型指明了方向、为"碳金融"发展提供了强大的推动力。

（二）碳金融市场的类型

碳金融市场从来源来划分，主要包括两种类型：第一，以项目为基础展开的交易。项目交易在开展过程中，需要遵循

《京都议定书》当中关于清洁发展机制（CDM）、联合服约机制（JI）的规定，比如说，某些企业或项目没有达到碳排放的基础要求，那么在经过 CDM、JI 机制认证之后，就能得到减排单位资质，从而在国际市场上展开交易，为那些碳排放超标的企业提供服务，满足它们的购买需求。第二，配额基础上展开的交易。在国际统计机制的作用下，来确定具体的配额，针对那些超出配额的控排企业，可以利用可交易机制来解决排放约束的问题。通常来说，配额交易是现货交易，其形式主要有两种，一种是强制减排形式，另一种是自愿减排形式。欧盟制定的碳排放交易体系，即 EUETS 为强制性的减排体系，而芝加哥建立的气候交易所，即 CCX 为自愿减排体系，在自愿减排体系中，指的是自愿加入，其减排要求仍然是强制性的。另外，结合不同的交易动机，可以将市场分成自愿和强制两种类型；结合不同的交易范围，可以将市场分成区域、国家、国际三种类型；根据有没有加入《京都议定书》体系，可以将市场分成京都和非京都两种类型。

根据《中国绿色金融发展研究报告（2019）》，2018 年，已有 45 个国家及 25 个地区开展或计划开展碳定价活动。其中，已经建立 ETS 的区域包括加拿大魁北克、中国北京、重庆、福建、广东、湖北、上海、深圳、天津、欧盟、日本埼玉、日本东京、哈萨克斯坦、韩国、新西兰、瑞士、美国加州、美国麻省、美国 RGGI 区域（美国东北十二个州）。这些已设立碳市场的区域的 GDP 占全球比重超过 50%，人口占世界人口总数的近三分之一。此外，加拿大新斯科舍省、墨西哥、中国台湾、乌克兰、美国弗吉尼亚等区域已经将建立碳市场提上议程，智利、哥伦比亚、日本、泰国、土耳其、越南、美国俄勒冈、美国华盛顿等区域正在考虑建立碳市场。

欧盟碳排放权交易市场是目前国际上规模最大、发育最规范成熟的碳金融市场，其碳排放交易体系（EU ETS）覆盖欧盟二十五国。EU ETS 的发展历史可分为四个阶段。第一阶段是开创阶段，即 2005—2007 年。在这个阶段，首要任务是检验碳交易市场中碳价格如何形成以及构建监管、报告和核查碳排放量的基础设施。因此，第一阶段主要是为了确保 EU ETS 能在 2008 年之前有效实施，确保欧盟成员国实现《京都议定书》的各项承诺。此外，碳交易仅能通过 CDM 机制完成。第二阶段与《京都议定书》提出的承诺期一致，即 2008—2012 年。从 2008 年开始，碳交易也可能通过 JI 机制完成 EU ETS 所规定的责任义务。这使得 EU ETS 成为 CDM 和 JI 碳减排单位的最大需求方。第三个阶段基于之前两个阶段的经验与教训形成，与《京都议定书》提出的第二承诺期一致，即从 2013 年开始，到 2020 年结束。这个阶段将致力于改善欧盟地区内碳排放交易框架的协调一致性。第四阶段将从 2021 年开始。①

（三）碳金融的产品和服务

联合国环境署（UNEP）提出四类碳金融产品：零售、投资、资产管理以及保险产品。

1. 零售碳金融产品

这种产品面向的主要是小中型的企业、家庭和个人。其产品有住房与建筑贷款、私人账户、低碳交通、信用卡等。一些国家已经为节能办公室和节能住宅推出了绿色建筑信用。荷兰银行（ABN AMRO）、澳大利亚 Bendigo 银行（Bendigo Bank of Australia）和加拿大抵押贷款和住房公司（Canada Mortgage and Housing Corporation，CMHC）为家庭节能计划提供了绿色抵押贷款。美国富国银行（Wells Fargo）和新能源银行（New Energy

---

① 资料来源：EU ETS 交易手册，https://ec.europa.eu/clima/sites/clima/files/docs/ets_handbook_en.pdf。

Bank）商业住宅、建筑的绿色项目提供商业信贷支持。在美国的新资源银行中，还有房屋净值贷款业务，推出了"一站式"的太阳能融资业务。另外，在信用卡、汽车、销售等众多领域内，零售银行也设计了一些碳金融产品与服务。比如温哥华的城市商业银行，就对清洁空气汽车提供贷款服务，为混合动力的汽车提供利率优惠。再比如美国银行为卡车司机提供的贷款服务，鼓励他们购买省油的设备。在全球范围内，还有很多国家推出了绿色信用卡业务，比如荷兰合作银行推出的气候信用卡，以及巴克莱银行推出的呼吸信用卡。在澳大利亚，西太平洋银行研发出了一款环保存款产品，而巴莱克银行支持消费者对旅行排放的二氧化碳进行抵消。

2. 投资碳金融产品

该产品面向的主要是政府、机构和规模较大的企业。这些产品主要包括低碳融资项目、债券、股票和指数挂钩产品。2014 年 7 月，法国发展机构（ADF）为约旦公司和居民投资可再生能源提供了 3850 万第纳尔的信贷额度。在拉丁美洲的国家，还推出了森林债券，欧洲国家推出了巨灾债券。德意志银行与荷兰银行共同推出了技术租赁业务，以优惠的价格来提供环境保护科技产品与服务。银行在帮助环保企业上市的时候，私募股权、风险投资是两个非常有效的手段，例如加拿大帝国银行，曾为一个温室气体排放企业提供了 1 亿美元的 IPO 服务。碳托管服务、碳信用服务是我们比较常见的碳商品和产品，其指数主要有生态市场指数、气候友好型企业债务指数等。

3. 资产管理碳金融产品

在碳资产管理产品当中，基金十分受欢迎，它主要包括两种类型，一种是财政绿色基金，另一种是低碳发展基金。大部分碳排放基金的主导者都是政府，并在银行的作用下，为个人或企业提供绿色信贷服务。荷兰银行（ABN AMRO）制订了一项碳基金计划，为环境保护项目提供融资，比如为企业或个人提供有机农场和绿色温室标签。碳基金在国外发展良好。原型碳基金（The Prototype Carbon Fund）是世界上第一个碳基金，其建立者是世界银行。随后法国、瑞士等国家也开始成立碳基金，这极大地推动了碳市场的发展。韩国在2015年正式开启了碳市场，参与的企业数量有525家，在2015—2017年，总配额达到了16.87亿吨。

4. 碳保险产品

这种产品主要以保险的形式，来刺激各行业加入减排的行列，比如我们比较常见的绿色建筑保险、低碳汽车保险等。低碳保险产品包括两种类型：第一，和群众生活有密切联系的产品，这种产品的交易额度比较低，面临的风险程度比较低，比如汽车运输保险；第二，碳价格变动的风险产品，这种产品的交易额度比较大，面临的风险程度比较高。当前，碳保险产品的发行机构多为规模较大的保险公司，比如法国的盛安集团、英国的英杰华集团等。整体来说，发行碳金融产品的机构存在共同特征：第一，这些机构多集中在发达国家，特别是欧盟。主要是因为欧盟的市场运作模式、金融体系比较完善，政府制定了一系列支持型的政策和法律，且其环保意识比较强烈。第二，这些银行往往经过了长时间的发展，有着雄厚的资金实力和良好的社会品牌形象，世界范围内都有其分支机构，在产品创新、风险防控等方面，有着丰富的成功经验。第三，这些银行推出的碳金融产品类型多样，比如，花旗银行建立了零售温室抵押贷款与私募股权基金；荷兰银行推出了温室抵押贷款和低碳封闭式资本基金。

二　国外碳金融发展实践与启示

(一)　国外碳金融市场发展实践

1. 美国

在全球范围内的气候协定，美国参与的积极性比较低，比如其退出《巴黎协定》和《京都议定书》的行为。跟这方面比起来，美国在碳排放权的交易过程中，积极性要高得多，这是因为美国有着完善的碳金融体系，其碳金融产品的发展也比较齐全，利用金融杠杆进行调控之后，能够在金融市场上提高碳排放权产品的交易价格，最终获得更高的经济效益。

从经济利益角度出发，美国并没有参与到全球减排协议中来，但这并不意味着美国不关注气候变化问题，相反，其节能减排项目和企业在国内获得了非常好的发展。关于碳排放权的交易，美国形成了自愿性的排放市场，其交易成本比较低，且有着较强的灵活性，另外，美国的碳金融产品种类非常丰富，包括期货、现货、期权多种类型，且其碳金融产品还有融资的功能。美国有着非常完善的碳交易平台，不管是交易双方，还是中介银行、核证、监管单位，都能很好地履行自身的职责，极大地提高了市场的有效度。总而言之，碳金融在美国的发展具有较高的市场化水平，其构建的自愿性排放体系，能为我国发展自愿减排事业提供有效的指导。

2. 欧盟

整个欧盟国家都被海洋包围着，全球气候变化会对其造成非常严重的影响，因此欧盟格外重视气候变化问题，非常积极地制定措施来管控碳排放，《京都议定书》就是在欧盟的倡议下制定的，其碳交易体系以强制性减排系统为主，严格遵守以EUETS为主的强制参与、强制减排原则。在构建碳金融市场的过程中，欧盟领先于世界其他国家，主要是因为其碳金融市场具有统一性，超越了国界的限制。欧盟碳金融市场属于国家间联盟的形式，在碳排放权的交易过程中，欧盟的制度和管理平台非常完善，交易量、交易额世界排名领先。碳金融在欧盟的发展，主要特征就是其交易机制和交易平台非常多，成员国可以根据各交易机制和平台的特征，以及自身的实际需求，灵活地进行选择，以此来提升碳排放权交易市场的灵活度。在市场快速发展的过程中，欧盟的碳金融体系在定价权方面比较强势，能够对碳的国际价格产生重要影响。欧盟的碳金融市场，对冲基金、投行、私募基金等非常喜欢参与碳交易，这样一来，除了可以为碳金融市场的发展注入活力之外，还能推动欧盟整个金融业的发展。然而近两年，尤其是2020年英国正式脱欧为欧盟未来的低碳工作带来一层阴霾。

3. 日本

日本的社会资源非常短缺，另外随着全球平均气温的上升，海平面上涨极大地威胁着日本的生存，所以长时间以来，日本都在积极推进节能减排技术和制度的进步。当前，日本制定的碳金融机制和气候方面立法的完善程度，要领先于世界所有国家。另外，东京还是全球唯一一个用城市做尺度的国际性碳市场。日本政府从技术和制度两个方面出发，全面支持碳金融的发展，在工业生产领域，制定了严格的措施来控制材料的应用，另外针对节能减排技术，政府还会提供一定的补助，让整个社会都积极参与到碳交易中来。碳金融在日本的发展，主要特点就是把国家法律制度和强制性措施与市场交易结合在了一起，能够很好地满足本国环境保护的需求，适应社会发展的潮流。

4. 韩国

在政府的引导下，加大财税政策的支持力度，这是碳金融在韩国发展最明显的特点。从政策方面来看，韩国政府出台了

《低碳绿色增长基本法》《低碳绿色增长战略》等一系列政策措施。从财税方面来看，政府从 GDP 总额中，拿出 2% 来用作财政补贴，先是投入 2600 亿韩元来建立低碳发展基金，然后又投入 1.1 万亿韩元来为中小企业的发展成立低碳专用基金，之后又投入了 3000 亿韩元成立研发及产业化专项基金。为了让低碳产业吸收更多的社会资金，韩国采取了提高贴息率、延长贷款期限、扩大财政贴息规模等措施，以此来为低碳经济的发展提供动力。从本质上看，碳排放是人类活动导致的，所以培养和宣传低碳消费理念的过程中，政府除了出台各种支持政策，对低碳消费的法律体系进行完善之外，还以低碳消费为主题，拍摄了一些宣传片，比如《绿色成长的韩国》，以此来培养和提高公民的低碳意识，并养成低碳消费的行为习惯。

（二）启示

第一，从国际碳金融的趋势来看，当前各国之间就碳交易的定价权和市场交易的主导地位，展开了激烈的竞争。在碳金融市场中，最主要的影响因素就是碳资源，所以其对国际金融市场和国际体系产生的影响，跟当前的局势有很大不同。在当前的碳交易中，定价权主要掌握在欧盟手中，其计价和结算的货币都是欧元。另外，美国和日本等国家之间就第二结算货币展开了激烈的竞争。中国建立的碳市场体系还不够完善，所以当前首先要做的就是大力构建我国的碳金融市场，从而通过合理的布局，提高中国在国际碳金融市场中的地位。

第二，分析中国碳金融发展的环境发现，碳交易是未来实现碳达峰碳中和目标重要市场机制之一。中国希望在 2030 年之前实现碳达峰，并希望在 2060 年之前实现碳中和。这是中国在建设人类命运共同体过程中义不容辞的重大责任，同样也是实现可持续发展的内在要求。中国生态环境部在 2021 年制定了《碳排放权交易管理办法（试行）》，建立碳排放权的注册登记机构，构建完善的碳排放权交易体系。该办法的实施，表明中国酝酿了 10 年的碳市场体系正式投入运营，表明中国的碳排放权市场、碳金融开始进入新的发展阶段，在"十四五"期间，能够为社会、经济的绿色转型提供巨大的帮助。

第三章　国内外绿色金融发展现状及经验借鉴

第一节　部分发达国家绿色金融发展经验及启示

一　美国绿色金融发展经验

（一）联邦政府绿色金融制度构建

从世界范围来看，美国是绿色金融制度最早兴起的主要国家之一。[①] 绿色金融制度在美国的发展，主要包括两个过程：第一，20 世纪 90 年代之前，即伴随性发展阶段，此时绿色金融制度还没有形成完善的法律体系，其主要理念就是环境保护法，主要依靠政府部门的经济调控，金融机构、企业很难参与到环境保护领域中来；第二，20 世纪 90 年代之后，即快速发展时期，此时世界各个国家都在建立绿色金融制度，其发展进入鼎盛时期，其中美国在这方面的发展更是遥遥领先。在该阶段，参与主体已经突破了政府的限制，一些企业、金融机构和非政府组织，甚至是个人都能广泛参与进来。

第一阶段是 20 世纪 90 年代前的伴随性发展阶段。早在 1872 年，美国就制定了《黄石国家公园法》，这是美国联邦环境立法的开端，但是进入 20 世纪之后，美国才开始建立绿色金

---

① 倪宇霞：《美国绿色金融制度研究》，硕士学位论文，湖南师范大学，2011 年。

融制度。在 1933 年的罗斯福新政中，就成立了国家资源计划处以及民间资源保护，把经济建设与环境保护融合在一起，之后在 1936 年，又颁布了《公共汽车尾气控制法》，表明美国的绿色金融制度基本成型。20 世纪 60 年代后期，环境问题得到了世界各国的广泛关注，美国联邦政府也出台了大量环境成文法。美国国会在 1969 年制定了《国家环境政策法》，该法案表明其环境政策与立法进入了新的发展阶段，即环境保护正在从以治理为主向着以预防为主转变，由单一的污染防治向着生态环境保护的方向转变。从这之后，在美国环境保护的各大领域，都能看到立法的身影，在这个基础上，绿色金融制度也获得了飞速发展。特别是 20 世纪 70 年代之后，美国出台了很多环境法，比如 1970 年出台的《环境质量改善法》、1972 年出台的《海洋哺乳动物保护法》、1973 年出台的《濒危物种法》等。除了这些之外，还有 1970 年国会制定的《清洁空气法》、1972 年联邦制定的《清洁水法》，在当时的环保法当中，这两部法律占据着非常重要的地位，且其应用一直延续到今天。换句话说，美国在 20 世纪 70 年代出台的一系列环保法，构建了其环境法律体系的基本框架。从 80 年代开始，美国在能源、资源、酸雨、废弃物等的处理方面，加大了立法的力度，比如 1980 年出台的《酸雨法》、1982 年出台的《核废弃物政策法》、1990 年制定的《防治污染法》等。当前，美国在环境保护方面已经有了 30 多部法律，其相关条例数量已经突破了千条，其环境法律体系非常完善。在该体系的所有法律中，内容都涉及怎样通过有效的经济手段来加大环保力度的问题。其中，绿色金融制度理念最为强烈的是以下几部法律：《国家环境政策法》(1969)、《清洁空气法》(1970)、《清洁水法》(1972) 以及《超级基金法》 (1980)。比如在《国家环境政策法》的第4332 条中提到：联邦政府的所有机关都要和环境质量委员会展开磋商，明确各种方法和程序，从而在做出具体决策时，能够对那些没有达到要求的环境舒适和环境价值，和经济、技术问题放在一起进行考虑。

第二阶段是20世纪90年代后的快速发展时期。进入90年代之后，美国的绿色金融制度体系已经建设得非常完善，并且将工作的重点放在了经济、环境领域，专业性和规范性有了明显增强，重视经济发展与良好环境之间的相互促进。在这个时期，世界各国都将绿色金融作为一种有效手段来推动社会的可持续发展，在国际市场上，政府和非政府组织之间就绿色项目展开了频繁的合作，很多国家的政府为了发展绿色经济，纷纷采用了宏观调控手段，金融机构通过绿色融资的模式，来参与到企业的发展当中，在市场的引导作用下，企业可以对社会资源进行配置，从某种程度上来看，个人关于绿色产品的认知水平和需求程度，会对企业发展的方向产生重要影响。为了打造一个有序的发展模式，美国联邦政府对其可持续发展相关政策做出了调整，改变单一的生态系统管理模式，变为综合资源管理，在市场的导向下，利用各种经济手段来对污染进行防治，制定有效的环境外交政策，支持绿色产品的技术研发，努力将绿色金融制度的发展带到一个新的高度。在此时期，美国联邦政府在市场的引导下，出台了大量环境政策法，比如1990年出台的《清洁空气法案修正案》、1992年出台的《能源政策法》等。在《清洁空气法案修正案》中，明确规定了排污权的交易制度，该环境经济政策是在市场的基础上制定的，表明绿色金融制度的发展水平正在提升。该修正案最主要的内容就是控制有害气体的排放量和配额交易，具体措施有：美国环保局为汽车引擎制造企业制定的排污信用购买与交易机制、鼓励对汽车行业的产品质量进行改善、加大公共交通发展的力度、通过税收等经济手段大力发展清洁能源汽车。1992年，美国因为自然资源紧缺，又难以找到替代性的可再生能源，在这种情况下，就制定了《能源政策法》。利用强制性、支助性的手段，联邦政府大力普及可再生能源和产品，《能源政策法》指出，到2010年，美国可再生能源的能量供应，要比1988年上升75%，针对那些从事可再生能源开发和利用的企业或项目，要提供减免税收的优惠，比如针对太阳能、地热等新能源项目，可以减免10%的优惠。此外，在金融业发展的过程中，为了让企业更好地承担责任，联邦政府也出台了大量政策和法律。自从《超级基金法》规定的银行环境责任得到广泛认可之后，银行业在经营过程中，纷纷开始重视环境因素的作用，针对那些存在环境问题的项目或企业，在发放贷款的时候格外慎重。此外，美国金融业在国家绿色项目中参与的范围也在不断扩大，比如2003年，美国正式开始实施"赤道原则"。

除了上述提到的相关法律外，美国联邦政府的绿色金融制度构建还包括：（1）直接的财政资金。20世纪90年代美国增加了环境保护方面的投入，在克林顿执政期间，环境保护问题更是得到了格外的重视。1993年，美国在环境方面投入了920亿美元，占国内GDP总额的1.8%；2000年，美国在环境方面的投入总额，在GDP中所占的比重更是达到了2.6%，从此之后，该比重数值逐年呈上升趋势，这些投入资金主要用于污染防控、环境监测与执法、发展清洁技术、污水处理、建设废弃物处理厂等领域。（2）和其他部门之间，就绿色金融项目展开合作。EPA在1997年向国会提交了一份长达5年的战略规划报告，即《为迎接环境保护新时代做准备》，报告中提到，EPA将和其他部门展开长期合作，确定长期的生态、社会、经济需求。对生态系统进行研究，需要联邦政府、州、机构、企业等各主体的通力合作，尤其是政府和社会公众之间的合作。（3）联邦政府通过宣传教育手段，向公民普及环保知识，从舆论角度为实施绿色金融制度奠定基础。调查发现，通过这种宣传手段，极大地调动了美国人购买绿色产品、使用绿色技术的积极性，从而对绿色产品市场的发展起到了极大的推动作用，另外，联邦政府还支持企业使用清洁生产技术，为绿色信贷、融资、证券的发展营造了有利的外部环境。

奥巴马政府的绿色政策是第二阶段绿色工作的亮点。2008年，世界范围内爆发了严重的金融危机，世界经济以前所未有的速度开始衰退，使得2009年全人类的平均收入水平下降，世界贸易量更是创了历史新低，失业人数呈爆炸式增长。在这种情况下，联合国发表了《走向绿色经济》的重要报告，呼吁世界各国努力解决世界危机，在全球范围内实施绿色新政。美国作为此次危机的爆发地，其经济陷入了"瘫痪"状态，为了快速实现经济复苏，将社会发展拉回正常的轨道上，奥巴马在执政初期就开始实行绿色新政的改革，为了使经济社会恢复，他实施了绿色能源计划。在美国绿色经济发展的整个过程中，奥巴马实施的绿色新政占据着非常重要的地位，除此之外，美国在构建绿色金融制度体系的过程中，绿色新政也起着承上启下的作用。此次奥巴马政府绿色新政的目标是对产业结构进行调整、在科技研发方面加大投入力度、拓宽新能源开发的渠道，以此来控制温室气体的排放，减轻能源紧张的压力，避免经济出现大幅度下滑的现象，减少失业人数。其出发点就是利用清洁能源，为经济寻找新的增长点，从而拉动经济回归正轨，创造就业岗位解决失业问题，同时还能应对世界气候变化的问题。在这种情况下，美国众议院在2009年向国会提交了《美国清洁能源与安全法》，其内容有4部分，分别是绿色能源、向低碳经济转型、控制全球气候变暖污染和能源效率。其目的是恢复经济发展，为社会提供超过百万个就业岗位，从而解决失业问题，同时减少对国外石油的依赖程度，提高国家能源安全水平，控制温室气体的排放，抑制全球气候变暖。为了解决美国最迫切的社会问题，《美国清洁能源与安全法》具体内容主要包括以下几个方面。

第一，向着低碳经济转型，这对美国的经济发展来说非常重要，可以应对气候变化和金融危机等问题。奥巴马政府在2009年制订了能源与环境计划，其中提到在之后的10年间，将会在绿色能源领域投入1500亿美元，为社会提供500万个新的就业岗位。在《美国清洁能源与安全法》中，对这个计划给予了肯定。第二，针对清洁能源的利用率，制定明确的目标，为了应对石油危机、环境危机，最为有效的做法就是使用清洁能源。在《美国清洁能源与安全法》中，制定了清洁能源的推广、技术创新等方案，并明确指出，在电力公司的总发电量中，太阳能、风能、地热、生物质能等新能源的发电量必须要达到一定比例，推动可再生能源的发展，这里所说的具体比例，在2012年达到6%，之后该数值一直呈上升趋势，到了2020年，其数值为20%，预计到2025年将会达到25%。该法律的出台，从政策层面上保障了传统能源向清洁能源的顺利转型。第三，针对清洁能源的技术研发与创新，该法案也做出了明确规定。加大清洁能源技术的研发力度，推动清洁能源市场的发展，不仅可以为社会提供就业岗位，还能促进社会消费方式转变，让能源利用更加安全。第四，对减少温室气体排放、减缓全球变暖做出积极响应。

奥巴马政府的绿色新政从实施至今并没有完全达到预期效果，而且自特朗普上台后，美国绿色金融发展反而受到阻碍。2019年11月，美国政府已正式通知联合国，将退出《巴黎气候协定》，并称这一协定给美国带来了"不公平的经济负担"。2020年7月，美国国会正式收到特朗普政府关于退出世界卫生组织的通知。这些都表明经济是特朗普政府工作的重点，而绿色则可能是阻碍经济发展的"石头"。

（二）州政府绿色金融制度设计

美国州政府针对绿色金融发展机制、财税政策等进行探究，为地方绿色金融的发展创造市场需求，扩大有效供给，促进地方绿色金融健康发展。[①]

通过健全绿色发展机制，保障金融机构在提供绿色服务的过程中拥有足够的市场需求。加利福尼亚州在绿色发展的制度设计和法律方面走在前沿。在大气污染防控方面，加利福尼亚州政府制定了世界首个有关碳氢化合物和一氧化碳的尾气排放标准，颁布了《强制装置法》，规定在此州内生产使用的汽车，都需要安装净化设备。对此，美国金融机构推出相应的绿色金融产品和服务。例如，美国银行可以提供信贷产品、服务，帮助小型运输企业获得资金用于购买节油设备以及投入减少汽车排放技术研发。在绿色建筑方面，加利福尼亚州政府推出了《城市规划管理体制和总体规划导则》《加利福尼亚州建筑标准》，其凸显了绿色、节能等主题，并明确各种违规行政处罚，以确保百姓在修建房屋的过程中贯彻执行相关法律条款。通过政策的引导，美国绿色建筑市场得以发展，金融机构也开始将目光投向绿色建筑市场。例如，富国银行针对商业建筑提供相关的金融信贷产品、服务。在新能源研发方面，该州政府推出了《加利福尼亚公共设施法》，其中提到对于再生能源企业会提供补贴等，以帮助企业提升市场竞争力。受政策影响，新能源市场的需求开始提升，并吸引了很多金融企业进入。富国银行还专门成立了清洁能源商业小组，以帮助企业解决资金的困难，保障可再生能源等清洁能源技术的不断发展。

---

① 李美洲、胥爱欢、邓伟平：《美国州政府支持绿色金融发展的主要做法及对我国的启示》，《西南金融》2017 年第 3 期。

健全绿色领域的财政政策设计，创新政府、金融机构和社会资本合作的有效机制。宾夕法尼亚州政府在这方面做得十分出色。利用财政补贴等手段，推动电动汽车的发展。在宾夕法尼亚州政府，为了促进电动汽车产业的发展，州政府颁布了很多有利政策，例如为充电设施提供50%的财政等，吸引百姓对电动汽车等产品的消费。在城市生活垃圾回收利用等方面，通过财政补贴等方式，推动金融机构提升对该领域的关注度。例如，州政府对垃圾回收、资源化项目提供财政补贴，成功吸引金融资本投资到清洁能源领域。2001—2011年，宾夕法尼亚州政府对41个清洁能源项目提供的财政贴息达1500万美元，筹集民间的投资、贷款达2亿美元，极大地促进了该州清洁产业的发展。利用财政出资成立绿色投资基金等支持洪水防御设施等绿色设施建设，并引导大量民间资本参与绿色基础设施建设，拓展多元化的市场融资渠道，满足当地水利基础设施建设的资金需求。

建立地方绿色银行，扩大绿色金融的有效供给。从20世纪70年代到80年代，美国开始探索发展清洁能源项目。随着清洁能源市场的发展，市场主体对绿色金融产品和服务的需求更加多样化。因此，美国一些州政府探索建立地方绿色银行，为清洁能源市场提供充足的融资支持，扩大金融产品和服务的有效供给。目前，美国国家绿色银行主要有以下三种模式。一是准公共机构模式。在这种模式下，以康涅狄格州绿色银行为代表的州绿色银行通过州政府部门获得资金，以市场化的方式开展业务。该行成立于2011年，旨在"支持州长和立法机构的能源战略，实现更清洁、更廉价和更可靠的能源供应，创造就业机会，支持地方经济发展"。在管理结构上，本行最高管理机构为董事会，对年度经营计划、预算和项目投资具有审批权，其成员包括经济和社会发展局局长、财政局局长，能源和环境保护局局长等。银行的主要资金来源是工业和居民用电用户支付的电费附加费。其他资金来源包括区域温室气体减排拍卖、联邦和州政府补助、慈善捐赠、投资收益、社会募集资金等。在风险管理方面，本行主要采用商业模式进行风险管理，其中规定，清洁能源项目贷款金额不得超过资产评估房地产总值的35%，并采用传统金融机构规范的尽职调查和贷款审批流程，确保贷款风险可控，便于日后转售。二是国家清洁能源融资机构模式。这种模式的绿色银行一般设在一些与州政府相关的机构，并与利益相关者开展广泛的业务合作，主要以纽约州绿色银行为代表。比较典型的就是2014年成立的纽约州立绿色银行。该银行主要针对清洁能源、高效冷水机等领域进行投资，其经营的目标就是利用私人部门建立合作，以此促进地区清洁能源的发展，进而改善融资市场环境，主要由纽约州能源研究和发展管理局管理。启动资金主要来自州政府，包括纽约公共服务委员会批准的1.65亿美元和区域温室气体倡议拨款的4500万美元。它的投资和风险委员会由纽约州能源研究和发展局的高级官员组成。主要对投资风险和企业风险进行最终的风险管理，并对银行资本进行决策。三是基础设施银行模式。该银行通过与以新泽西州能源适应性银行为代表的国家能源局合作，支持当地清洁能源项目的发展，并于2014年成立。该行的业务目标是"通过融资和技术援助，提高新泽西州能源关键设施的适应性和可回收性"。新泽西州经济发展局负责监管，州公用事业委员会提供技术支持。主要资金来源是美国住房和城市发展部拨给新泽西州的联邦自然灾害救济基金。

二 英国绿色金融发展经验

英国绿色金融战略①主要指的是通过政府行动调整私人部门资金流向，以实现清洁、环境可持续且有弹性的经济增长，加强英国金融服务部门的竞争能力。

英国绿色金融战略主要包括三方面：一是"绿化"金融，即确保源自气候和环境因素的现在和未来的金融风险及机遇被纳入主流金融决策制定过程以及保障绿色金融产品市场稳定。二是金融赋能"绿色"产业，即金融支持英国碳目标、绿色增长、经济弹性增长、环境目标以及其他国际目标实现。三是抓住机遇，即确保英国金融服务部门能够抓住源自"绿化"金融及金融赋能绿色产业过程中的国内外商业机遇，如气候相关数据和分析、新型绿色金融产品和服务。

（一）战略实施背景——环境变化

气候变化和世界自然资源恶化成为当下亟须解决的问题（世界变得更暖和、海平面升高、污染正在危害动植物生命、生物多样性减少）。"政府间生物多样性和生态系统服务科学和政策平台（IPBES）"最近的全球评估报告和"政府间气候变化小组（IPCC）"对1.5摄氏度的特别报告正是该紧急事态的及时提醒。为应对气候变化和环境污染，英国设立的新环境目标是在2050年实现零温室气体排放。这个目标要求英国经济体进行方方面面的变革，特别是需要发展一种能够支持且实现环境目标的全球金融体系。绿色金融战略便是实现这些目标的第一步。

环境正在变化。人类活动导致大气中温室气体含量达到过去80万年来的最高水平。温室气体含量不断上升的趋势驱动全

---

① 资料来源：英国绿色金融战略（Policy Paper：Green finance strategy），https：//www.gov.uk/government/publications/green-finance-strategy。

球平均气温以每十年 0.2 摄氏度的速度上升，同时增加了位于灭绝边缘的物种数量。IPCC 对全球变暖 1.5 摄氏度的特别报告指出，人类活动已经导致全球温度比工业革命前（1850—1900年）高 1 摄氏度，而且温升在某些地区（如北极圈）更高。尽管过去地球经历了众多的气候变化，但自 1950 年开始，很多气候变化是几百年来史无前例的。如果温室气体排放速度保持不变的话，全球平均表面温度在 2100 年将比工业革命前高出 4 摄氏度。此外，气候变化协同其他因素（土地和海洋开发、矿产资源的开采、环境污染以及外来物种入侵等）导致了生物多样性减少。根据 IPBES 最近的全球评估报告，人类已显著改变全球自然环境：75% 的土地表面呈现巨大变化，超过 85% 的湿地退化，66% 的海洋受到日益严重的冲击；在受评估的物种中，约有 25% 的物种生存受到威胁，这意味着在几十年内，已有近百万物种面临灭绝的危险。

　　人类和世界生态系统正受到环境变化的影响。全球变暖导致更加频繁和剧烈的极端天气事件，如高温热浪和强降雨。在英国，对空气质量对人民健康和社会的影响的理解逐步加深。最近的评估数据显示，在不实行温室气体减排的情况下，空气质量对人民健康的影响在 2020 年可造成 17 亿英镑的损失，在 2030 年可造成 53 亿英镑的损失。极端天气事件也在影响金融体系。例如，与天灾相关的直接损失和保险损失在过去几十年显著增加。仅在 2017 年，因气象灾害引起的保险损失就高达 1320 亿美元，这是保险损失最为惨重的一年。

　　金融是当下气候变化和世界自然资源恶化等问题的部分解决方案。IPBES 的全球评估报告显示，金融部门在恢复和保护自然所需的变革中发挥着至关重要的作用。为限制全球温度上升不超过工业革命前 1.5 摄氏度，投资方式、风险度量以及资产赋值方式都需要进行史无前例的变革。据 IPCC 的估计，在

1.5 摄氏度这个目标下，平均每年在低碳能源技术和能源效率方面的投资需要在 2050 年达到 2015 年投资水平的 6 倍左右，并在 2025 年赶上在化石能源方面的投资。英国正在与《生物多样性公约》的 196 个缔约方开展国际合作，为 2020 年后制定一个新的全球生物多样性框架，以应对全球生物多样性主要面临的挑战。

　　随着世界各国意识到金融业在促进经济更清洁、更有弹性增长，实现全球气候和环境目标方面的重要性，绿色金融在全球得到迅速发展。近年来，人们对金融风险方面的理解开始深化，这也是推动绿色金融发展的重要手段。在英国，绿色金融在相关议程方面起到重要作用。在意识到金融部门对实现全球和地方气候和环境目标的重要性后，绿色金融成为英国《清洁增长战略》《25 年环境规划》以及《产业战略》的核心，将支持英国经济政策实现经济强劲、可持续且平衡的增长。

　　(二)"绿化"金融

　　"绿化"金融指的是将主要气候和环境因素纳入英国金融系统。这需要英国政府绿色金融工作聚焦于以下四点。

　　第一，建立关于绿色金融的共识。近年来，人们对气候变化作为一个核心金融问题的看法发生了转变。2018 年 PRA 对英国银行业的评估报告发现，70% 的银行认为气候变化是一种由物理因素和转变因素引起的金融风险。[①] 然而，英格兰银行（Bank of England）作为创始成员国之一的 NGFS 于 2019 年 4 月发布的首份综合报告指出，气候变化不仅是金融风险的一个来

---

　　① 气候变化造成的物理风险是由气候模式中的急性或慢性转变所导致的。物理风险可能会对组织产生金融方面的影响，比如资产的直接损失和导致供应链中断的间接影响。转变风险指的是向低碳经济转型可能需要广泛的政策、法律、技术和市场变革，以解决与气候变化有关的缓解和适应需求。根据这些变化的性质、速度和重点，转变风险可能会给组织带来不同程度的金融和声誉风险。

源，而且具有截然不同的特征。① 政府支持 NGFS 报告的发现，并意识到这些特征使得气候变化不同于其他结构性变化来源，这意味着需要以不同的方式考虑并处理气候变化。PRA 的评估报告还指出，只有 10% 的银行正在综合地处置由气候变化导致的金融风险，同时采取一种长期策略视角。因此，建立对气候和环境因素带来的金融风险和机遇的共同理解是实现绿色金融目标的必要条件。英国政府正在采取行动，与合作伙伴（如绿色金融研究所（GFI））举办一系列的圆桌会议，并在会议上与来自金融部门的董事会和管理层代表进行讨论、指出金融风险和由气候变化带来的机遇的重要性、强调采取紧急行动的重要性并交换意见和经验。同时，政府意识到环境退化、自然资源的减少以及生物多样性的减少也可能是金融风险的来源。作为 2017 年二十国集团绿色金融研究小组的共同主席国，英国领导了推进环境风险分析（ERA）和更好数据需求的工作。政府还在采取行动加深在这一领域的共识。例如，政府委员会最近评估了生物多样性的经济价值。

第二，阐明角色及相应的责任。"绿化"金融涉及一系列复杂的问题，需要金融和其他领域的多个部门参与。随着应对措施的不断演变，对私营部门、英国监管机构和政府的角色和责任有一个清晰的理解将是重要的。继联合声明之后，政府对英国监管机构将气候因素纳入其监管实践和方法的行动表示赞赏。

---

① 第一，气候变化在广度和深度上有着深远影响。气候变化将影响经济中的所有因素，包括所有部门和地理区域，而且这些风险很可能与临界点相关，并以非线性变化的方式进一步恶化。第二，可预见性。尽管确切的结果、时间范围和未来路径是不确定的，但某些物理风险很有可能在未来与转变风险相结合。第三，不可转变性。气候变化的影响由大气中的温室气体累计排放量所决定，而且目前并没有成熟的技术来逆转这一过程。在温室气体排放量达到一定门槛值后，科学家已经证明气候变化很有可能对我们的星球有着不可逆转的影响，尽管影响的严重性和广度仍不确定。第四，依赖于短期行动。气候的未来影响的深度和本质将由当下的行动所决定，因而需要采取一条可信且有远见的政策路径。

这些行动包括将环境、社会和治理方面的考虑纳入准则和指导，为企业设定期望以及采取一种策略的、董事会层面的长期方针。此外，政府还对整个金融部门的领导人已经采取的行动表示欢迎，以激励人们采取行动。例如，过渡途径倡议（TPI）帮助资产所有者进行研究和跟踪投资，与个别公司就如何管理其温室气体排放进行交流。

第三，增强透明度并使用一种长期方法。金融市场的主要功能之一是为风险定价，以支持明智、有效的资本配置决策。随着企业对气候变化造成的金融影响作出反应，它们的方法必须建立在透明、对决策有用的与气候相关的信息和长期方法之上。因此，政府需要采取以下行动：设定期望并确实使用与TCFD（气候相关金融披露工作组）一致的方法，① 支持 TCFD 的高质量的信息披露和审核过程，基于 TCFD 增加关于透明度的行动。

第四，建立稳健且一致的绿色金融市场框架。清晰且一致的框架体系，如绿色定义和标准，对于绿色金融市场正常发挥作用十分重要。政府将通过匹配欧洲可持续金融行动规划的目标、建立可持续金融标准以及与"公平和有效市场审核小组"合作采取进一步的行动。

"绿化"金融还要求英国协助推动全球金融体系的绿色发展。在形成气候变化和绿色金融方面的全球议程方面，英国通过在国际论坛的代表和广泛的外交网络发挥了领导作用。近年来，这一过程取得了重大进展。通过中央银行和私人部门的行动，将气候和环境因素更全面地纳入全球金融体系的势头日益增强。在绿色气候基金（Green Climate Fund）等全球倡议的支

---

① TCFD 是由金融稳定委员会（FSB）建立以提高气候变化带来的金融风险和机遇的透明度。TCFD 引入的一个创新领域是关于情景分析的，它可以发展一种处理与气候相关的金融风险和机遇的长期方法。英国政府于 2017 年 9 月正式支持 TCFD 的建议。

持下，转移投资所需的现实世界经济变革正在进行。英国政府承诺利用英国的全球影响力在国际上推动绿色金融体系。这包括在气候行动财政部长联盟（the Coalition of Finance Ministers for Climate Action）中发挥积极作用，在联合国气候行动首脑会议上领导适应气候变化和自然恢复工作，探索在 2020 年第 26 次缔约方会议前加快资金协调的倡议。为了推动全球金融体系的绿色发展，政府需要支持自然恢复议程，与全球合作推动行动，与私人部门合作，探讨加快落实《巴黎协定》的倡议以及确保英国官方发展协助（the UK's Official Development Assistance）的支出与《巴黎协定》保持一致。

（三）金融赋能绿色产业

要使全球经济向清洁、弹性且环境可持续的增长转型，就需要空前规模的投资。据国际能源署（IEA）估计，如果要实现《巴黎协定》的目标，2015 年至 2030 年，仅全球能源领域就需要 13.5 万亿美元的公共和私人投资。英国通过立法制定到 2050 年的温室气体零排放目标，并准备将《25 年环境计划》纳入法律范畴。为实现这些环境目标，就需要增加对绿色和低碳技术、服务和基础设施的投资。对此，英国率先采取行动，利用在技术和金融方面的现有产业优势，并遵循具有法律约束力的减排承诺，逆转自然资源的降低趋势。2010 年以来，英国清洁增长部门在清洁能源领域的公共和私人绿色投资已超过 920 亿英镑。自绿色金融战略发布以来，政府一直投资低碳创新，如通过最新一轮的"产业战略挑战基金"（the Industrial Strategy Challenge Fund）预计在这段时间内投资超过 30 亿英镑。这是近 40 年来英国科学、研究和创新的公共支出增幅最大的一次。

英国是世界上第一个建立绿色投资银行（GIB）的国家，吸引了大量所需的私人部门资金应对气候变化的挑战。得益于 GIB，绿色投资市场在可获得的私人部门资本方面得到了改善，这也意味着绿色投资现已成为更主流的投资。通过《清洁增长战略》《25年环境计划》和《产业战略》，英国正基于促使必要改革的动量制定政策框架。[①] 尽管迄今取得了不错的发展，但英国经济要实现脱碳，还需要对具有弹性的低碳基础设施和服务进行大量投资，这也为英国企业和金融机构带来了巨大的机遇。据估计，从2015年到2030年，英国低碳经济的年增长率可能达到11%。鉴于绿色金融的需求将主要集中在欠发达国家和新兴市场，英国还必须支持和推动国际绿色金融发展。自2008年以来，英国的国际气候融资一直致力于催化绿色私人部门投资，为可持续的低碳企业创造市场，支持发展中国家处理和应对气候变化的影响以及减少森林砍伐。

金融赋能"绿色"产业的主要任务有：建立稳健且长期的政策框架，为金融提供绿色投资创造机会，处理市场障碍并发展能力，发展创新方法和新工作方式。

第一，建立稳健且长期的政策框架。通过将长期目标写入法律，设定明确的发展轨迹和健全的治理安排，让政府承担起实现这些目标的责任，英国创建了一个世界领先的政策框架，以确保绿色投资对英国来说越来越有吸引力。根据《2008年气候变化法案》，英国是世界上第一个提出具有法律约束力的长期减排目标的国家。该法案提供了一个法定框架以确保英国在2050年实现减排80%的目标。这一框架以及英国政府所承担的具有历史意义的《巴黎气候协定》的义务体现了英国采取行动应对气候变化、透明地监测进展的一贯承诺。英国政府还将发布20多年来的第一个环境法案。该法案将把环保目标和责任置于政府工作的核心，将助力实现环境目标，让自然世

---

① 《清洁增长战略》阐述了政府如何在2015年至2021年投资超过25亿美元支持低碳创新。

界变得更好。从已公布的原则草案和治理条款来看，英国将创建一个确保环境目标成功的新环境保护办公室。新成立的环境保护办公室可以让未来的政府和公共机构直接对环境治理进展负责，必要时还可以让法院加入。该法案还承诺政府对环境治理进展进行衡量和报告，并定期更新可靠的环境行动计划作为支持。

第二，为金融提供绿色投资创造机会。长期政策和在环保目标方面日益增长的雄心增强了私人部门投资绿色产业的动机。这就要求政府提供额外的支持来克服在某些领域的投资障碍。具体而言，政府需要提供精心设计的公共支持以撬动私人资本，提供能够在自然资源、碳金融和弹性经济等领域创造新的财政收入来源的措施。为了改善融资渠道，政府已将大量资源分配至用于促进清洁能源和自然资源增长的投资基金，而这些基金正从私人部门撬动更多的资金以达到所需的总投资水平。绿色金融战略也意识到混合融资模式和提供公众支持的其他创新机制的变革潜力。例如，热网投资项目是为了对发展符合成本效益的碳节约措施产生变革性影响，而这些碳节约措施是实现未来的碳减排目标所必需的。作为3.2亿元公共投资的回报，该项目计划在2021年吸引约10亿元私人和其他资本。在这一经验的基础上，政府正在扩大混合创新基金的投资组合，以确保公共投资发挥催化剂的作用，为有前景的新技术和投资模式增加融资渠道。虽然政府作为基础投资者的角色很明确，但同样重要的是，绿色项目能够创造新的收入来源，而这些收入来源为它们带来的环境效益提供回报。为此，政府正在采取行动，如探索为自然栖息地融资的新方法，发展碳金融，提高经济弹性，改革监管框架等。

第三，处理市场障碍并发展能力。即使制定了长期政策并作出了提供融资渠道的大胆和雄心勃勃的承诺，但市场上的摩擦也会阻止私人部门的资金流支持清洁增长和环保目标。政府正在采取行动增加在低碳和弹性经济基础设施的融资机会，支持地方绿色金融行动和降低交易成本。第四，发展创新方法和新工作方式。政府还可以与其他机构合作开发促进绿色投资，证明低碳、弹性经济和自然资源投资及其相关收益是成功的创新方法。这包括促进公私部门合作和探索新的工作方式。绿色金融战略的一个核心主题就是公私部门合作。将投资界、决策者和项目开发商聚集在一起有助于发展创新和共享的方法来应对核心部门的融资挑战。

（四）抓住机遇

未来几十年，消费者、投资者和政府对绿色金融的需求预计将大幅增长。根据里卡多能源公司（Ricardo Energy & Environment）为英国气候变化委员会所做的报告，预计全球低碳金融服务的潜在市场规模在 2030 年将达到每年 2800 亿英镑，在 2050 年达到 4600 亿英镑。凭借在金融服务领域、雄厚的资金池以及在环境政策方面的领先优势，英国可以利用这一机会加强其在绿色市场的前沿地位。抓住机遇包括三个核心要素：强化英国作为全球绿色金融枢纽的位置，推动英国成为绿色金融创新、数据及分析的前沿国家，建立在绿色金融方面的技巧和能力。第一，强化英国作为全球绿色金融枢纽的位置。英国政府致力于保持英国作为全球绿色金融中心的领导地位。为此，政府将与 GFI 合作，协调英国在共同战略方向下的活动并建立绿色金融的全球市场。第二，推动英国成为绿色金融创新、数据及分析的前沿国家。政府将与监管机构、行业和学术界合作创造促进英国在绿色金融的产品、服务创新环境并加以构建完善。第三，绿色金融在技术、能力方面不断完善。政府意识到可以促进金融专业人员和政府官员技能的提升，并提高民间社会的意识，以充分释放绿色金融的潜力。

三 德国绿色金融发展经验

在地球资源范围内，只有当政治决策调整并推动可持续发展时，所有人过上长期优越的生活才变得可能。因此，德国联邦政府一直遵循可持续发展的指导原则，致力于使各级人员、全国乃至全世界的利益攸关方越来越遵守这一原则。

德国联邦政府的可持续发展政策是基于题为"改变我们的世界"的《2030 年可持续发展议程》所制定的。[①] 《2030 年可持续发展议程》包括 17 项全球可持续发展目标（SDGs）以及 169 项相关目标，指出这些目标必须在 2030 年前完成并且在各国实现应用。该议程呼吁社会各界利益攸关方参与其中，支持全球伙伴关系。在 2018 年 3 月的联合协议中，CDU、CSU 和 SPD 等德国政府机构承诺落实《2030 年可持续发展议程》及其 17 项全球可持续发展目标，推动将可持续发展作为良好政治表现的基准。

联邦政府于 2017 年 1 月 11 日通过了新版《德国可持续发展战略》（GSDS）。这是为落实《2030 年可持续发展议程》所提供的相关框架的第一步。可持续发展战略主要包括以下几个方面：一是简要分析了国际上和欧洲可持续发展现状；二是在 GSDS 委托的审查以及联合协定的基础上增加和调整个别指标和目标；三是修订后的可持续发展原则（前身为"管理规则"）；四是关于修改体制结构和增加社会利益攸关方参与的报告；五是关于由国际专家第三次同行审查提供建议的资料；六是关于各部委在执行全球可持续发展目标和 GSDS 方面的当前优先事项的说明。可持续发展战略具体展示了可持续发展的指导原则在

---

① 《2030 年可持续发展议程》于 2015 年 9 月 25 日在纽约由 193 个联合国会员国的国家政府首脑通过。

联邦政府现在和未来的工作中是如何实施的。

（一）可持续发展战略的目标和准则

可持续发展或可持续性作为一项政治指导原则的概念最早可以追溯到 1987 年布伦特兰委员会报告，提出可持续发展，即达到现代人的需求，但是也不会损害未来的发展。所以，实现可持续发展，其本身是关于需求的概念，尤其是世界贫困人口的基本需要。德国可持续发展战略遵循以下定义：每一代人都需要解决他们正面临的挑战，而不能将这些问题留给下一代。对联邦政府来说，遵循可持续发展的指导原则意味着努力使其政策公平公正地满足德国和世界各地当代和后代的需要，并让他们过上有尊严的生活。这就要求经济上有效、社会上平衡和环境上可持续的经济发展。

德国第一个国家可持续发展战略是在 2002 年于约翰内斯堡举行的联合国世界可持续发展峰会上提出的。战略的提出是为了响应 1992 年在里约热内卢召开的联合国环境与发展会议上提出的制定国家可持续发展战略的号召。自 2004 年起，可持续发展战略每四年更新一次进度报告。2014 年 9 月，国务秘书委员会可持续发展决议规定，从 2016 年起，可持续发展战略将作为德国落实《2030 年可持续发展议程》（以下简称《2030 年议程》）的重要框架。因此，可持续发展战略的所有实质性方面将根据《2030 年议程》进行更新。国务秘书委员会在 2014 年 6 月对内容进行了明确：当前的战略应更加注重措施，强调可持续性的国际维度。

（二）可持续发展战略的功能和架构

自 2002 年制定可持续发展战略以来，德国联邦政府首次建立了国际上享誉的可持续发展管理体系。该体系作为联邦政府的可持续发展的重要内容，明确指导原则，以此能够切实地应用于联邦政府的实际工作中的结构和程序。在过去的 14 年里，可持续发展战略的架构得到了进一步完善，并经受住了时间的考验。尽管如此，为落实《2030 年议程》，这一架构仍需要进行改变和补充。下面将介绍实施和发展该战略的三家组织：第一，国家可持续发展秘书委员会。国家可持续发展秘书委员会是负责指导可持续发展战略的中心机构，由联邦总理府首脑担任主席。作为可持续发展的最高级别政府机构，它的任务是确保这一指导原则能切实适用于所有政策领域。委员会为联邦政府的工作提供动力，努力实现各部之间的政策协调，并作为各部之间就可持续发展活动进行高级交流的平台。第二，议会可持续发展咨询委员会。议会可持续发展咨询委员会负责监督联邦政府在国家、欧洲和国际层面上实行的可持续发展政策，为可持续发展方面的联邦议院委员会的讨论提供专家意见，以及提出改善预算和补贴政策、采购和城市发展方面的可持续性的建议。此外，咨询委员会工作的另一个优先事项是评价联邦政府提交的可持续发展评估报告。为促进可持续发展，咨询委员会还与其他利益攸关方建立联系并进行磋商，例如荷兰联邦共和国、其他国家议会和欧洲联盟机构。第三，可持续发展委员会。自 2001 年以来，可持续发展委员会（SDC）一直是个有价值的咨询机构，在关于可持续发展的各类问题上支持联邦政府。2015 年 5 月 26 日，可持续发展委员会发表了题为"德国可持续发展架构与可持续发展目标"的声明，促进了可持续发展战略的进一步发展。随后在 2016 年 1 月，可持续发展委员会发表了另一份相关声明。除此之外，可持续发展委员会号召制定能使全球可持续发展目标清晰可确认的可持续发展战略的架构，建议适度增加评价战略指标的数目（从 38 个增至 43 个），并替换部分现有指标。

可持续发展战略的管理体系分为以下五个方面：管理规则、指标和指标相关的目标、监管、可持续发展影响评估以及联邦政府的承诺和领导角色。第一，管理规则。目前德国可持续发展战略共有12条管理规则，其中包括3条基本规则，对主要政策领域提出了具体要求。基本规则强调，每一代人都必须要解决他们所面临的挑战，不能把这些问题留给下一代，还必须为可预见的未来问题做好准备。为了实现代际公平，提高社会凝聚力和生活质量，承担国际责任，保障人权和维持社会和谐，经济表现、自然资源保护和社会责任必须被紧密结合以实现永久可持续发展。第二，指标和指标相关的目标。作为一种管理手段，可持续发展战略还包括一些反映了可持续发展的状况的指标和目标。这些指标和目标共同构成了战略管理的基础。之前的38项指标和现在的63项指标及其相关目标能够帮助我们对可持续发展状况进行客观检查。例如，第一项指标强调终结任何地点、任何形式的贫困，具体指标为"物质匮乏程度"，相应的目标则为"处于物质匮乏状态的人口比例在2030年前低于EU-28规定的水平"。第三，监管。可持续发展战略要求从2004年起，每隔四年进行更新，并将发展情况详尽地写入进展报告中。联邦统计局还必须每隔两年对可持续发展战略的指标情况进行分析。第四，可持续发展影响评估。可持续发展影响评估由国家可持续发展战略目标所指导，聚焦于长期经济、生态以及社会影响，分成法律规则影响评估和补贴评估两类。可持续发展影响评估有助于改善立法，因为它使得在早期就意识到法律条文可能在长期或跨政策领域的不良副作用变成可能。通过可持续发展影响评估，联邦政府强调将可持续发展原则深植补贴政策之中。为增加透明度，联邦政府遵循补贴政策指导原则，将政策制定者与其负责的措施紧密绑定在一块。第五，联邦政府的承诺和领导角色。联邦政府的承诺和领导角色主要体现在两方面：可持续发展措施计划和可持续性采购。可持续发展指导原则不仅适用于行政管理行动，还适用于如气候保护、流动性和工作与家庭生活的兼容性等方面。此外，公共部门的采购预算对可持续产品和服务的需求和发展具有重大的影响。因此，联邦政府采纳了"可持续性发展措施计划将可持续性转变为具体的行政行动"。2010 年实行的第一个措施计划于 2014 年得到审查，且其更新后的计划于 2015 年 3 月得到国际可持续发展秘书委员会的支持。

可持续发展理念。自 2014 年起，联邦新闻出版社大力促进可持续发展理念传播。推广理念的方式包括出版关于该战略的小册子（可持续发展政策的里程碑）以及相关报纸。特别是在 2015 年 10 月至 2016 年 2 月期间，联邦新闻出版社举行国家和地区层面的对话会议。未来的活动目标是进一步提高联邦政府开展的可持续发展活动在政治利益攸关方和普罗大众中的知名度，特别是可持续发展战略；促进社会各界对可持续发展重要性的认识。

改善可持续发展架构或进程的当务之急在于强化政策一致性以及提高社会利益相关方参与。《2030 年议程》的一个核心挑战是增强可持续发展政策一致性。这需要持续且长期的管理，具体工作主要聚焦在以下几个方面：第一，提高联邦总理府、联邦部门和联邦统计局的能力；第二，支持国家可持续发展秘书委员会的工作；第三，在所有部门任命负责可持续发展职工。

全面、一致地落实可持续发展目标取决于做出贡献的所有利益攸关方。未来，社会利益相关方应更多地参与联邦政府的工作。来自民间社会、商界和科学界的许多利益相关方凭借他们有价值、建设性的工作为成功起草《2030 年议程》做出了贡献，也将在落实议程方面发挥重要作用。日后，政府亦会更经常地征询年轻人的意见，例如邀请合适的代表出席讲座。此外，艺术家和文化机构的具体观点以及创新部门提供的创新方

法也将被更密切地加以考虑，以便挖掘解决可持续发展问题的
潜力。

（三）促进可持续发展的共同努力

可持续发展的成功离不开国家、地方政府和社会各界相关
利益方的共同努力。国家和地方政府在实现德国可持续发展目
标和落实《2030 年议程》方面发挥着关键作用。在德国的联邦
体制中，可持续发展的重要领域的立法和执行权掌握在国家和
地方政府手中。由于它们与公众、企业和各种地方倡议来往密
切，它们可以根据当地条件有针对性地支持不同生活领域的可
持续发展。2015 年初，早在采纳《2030 年议程》之前，联邦参
议院就已经强调设立可持续发展目标对于国家的重要性，并主
张加强联邦政府与各州之间的交流以进行结构性对话。

联邦—州经验池应运而生。联邦—州经验池为关于当前联
邦和各州可持续发展问题提供定期交流的空间。2015—2016 年，
联邦—州经验池的工作主要集中在关于《2030 年议程》的国际
谈判以及该议程如何在国家层面实施。鉴于可持续发展的重要
性，联邦政府提议设立联邦—州可持续发展协会。11 个州（勃
兰登堡州、巴登—符腾堡州、巴伐利亚州、黑塞州、莱茵兰—
普法尔茨州、下萨克森州、北莱茵—威斯特法伦州、萨尔州、
萨克森州、萨克森—安哈尔特州、图林根州，截至 2016 年 9
月）已经起草或正在实施各自的可持续发展战略。然而，可持
续发展战略的架构、工具和内容在各州之间差别很大。为共同
落实涵盖所有政策领域的《2030 年议程》和国家可持续发展战
略，必须使用工具来实现政策一致性。因此，联邦政府鼓励所
有州制定各自的可持续发展战略，并要求使其战略尽可能与国
家可持续发展战略一致。与此同时，各州应该根据联邦制的利
益设定各自的优先事项。

地方政府是实现《2030 年议程》的重要利益攸关方。

联邦政府认为，落实《2030 年议程》和实现可持续发展目标的贡献和努力应该在城市一级做出。联邦政府正在帮助地方政府制定市级层面的可持续发展战略，调整其采购政策以购买符合可持续发展的商品。然而，到目前为止，与地方政府进行关于可持续性的交流主要在州一级进行。在州一级支持全球伙伴关系的一个核心工具是联邦州试点方案。该方案促进德国各州参与制定可持续发展政策，并将其与联邦政府的政策活动相结合。为了进一步实现可持续发展目标和国家可持续发展战略，"国家和国际视角下可持续城市发展"跨部门工作小组（IMA Stadt）于 2015 年成立，积极与来自德国城市协会、德国城镇和城市协会以及德国县镇协会的代表合作，计划创造一个信息池，集中并连接各部门工作。其他机构，如可持续发展委员会（SDC），以及科学和公民社会利益攸关方也参与其中。

可持续发展战略的成功还需要来自商业、科学、艺术和文化各界的社会利益攸关方的参与。作为中心利益相关者，企业在促进可持续发展中，能够起到重要的作用，并且经济技术的进步为社会和生态问题提供了解决方案。商业自由和市场竞争不仅是经济成功的引擎，而且与社会伙伴关系和责任一起为可持续性发展提供了重要的支持。承担企业社会责任（CSR）可以推动创新，促进社会和生态形式的全球化。此外，向可持续社会的过渡需要技术和非技术革新以及关于接受和应用这些技术的详细知识。没有科学，就无法应对《2030 年议程》带来的社会、生态和经济挑战。德国有强大的科学体系，其创新能力使它有机会在国家和国际层面为更强的可持续性做出更大的贡献。寻找可持续的商业和财富创造模式也给科学带来了新的挑战。除了对现象进行分析和观察之外，科学家们还必须更仔细地研究向可持续的生活和商业方式过渡所必需的转变过程。对于艺术家而言，他们通过作品和理论思考文化和自然之间的张力以及人类和环境之间的关系。来自创意领域的艺术家和企业家凭借他们的创造力和想象力——这是所有艺术努力不可或缺的条件——能够揭示新的方法，打破普遍的思维模式。

四　国外绿色金融发展启示

国际上发达国家绿色金融起步较早，发展较好。这主要体现在如下四个方面。

第一，绿色金融的理念早已广泛传播。在西方发达国家中，环保意识比较强，企业需要始终保持绿色发展的经营理念，居民也需要贯彻绿色的消费观念。同时，各金融机构也需要在其中起到相应的引导作用，促进绿色环保意识的培养，倡导绿色消费。[①] 在欧洲，消费者对绿色环保产品的消费与日俱增，这也是消费者环保意识的提升，以及政府的大力扶持所致。[②] 在美国，2007 年，"耶鲁环境法律和政策中心的环境态度及行为项目"进行的一次民意调查显示，83% 的美国人认为全球变暖是一个严重的问题。调查还发现，美国人比以往任何时候都"对环境威胁表示强烈关注"。此外，全国性的调查显示，63% 的美国人认为美国"面临的环境危害不亚于来自恐怖分子的危害，例如空气污染和全球变暖"；在加拿大，很短时间内，环境问题的重要性在公众意见中上升到极高程度。从历史记录来看，在对加拿大公众的民意调查中，十多年间，环境问题作为最高优先级的比例在 4%—12% 波动。但是，时至今日，战略委员会所

---

① 杨海珍、李妍：《可持续金融的国际实践》，《中国金融》2016 年第 24 期。

② 据 2006 年合作金融服务集团的调查，如果与替代产品的价格差异不大，54% 的英国公民将选择使用环保产品，82% 的将选择购买环保产品，为抵制全球变暖贡献一己之力。（CFS，2006）

做的民意调查显示，该问题的受关注比例已经上升至26%，而
Environics Poll 的调查结果则为31%。① 同时，金融机构作为绿
色金融发展的主要参与者，较早开始大刀阔斧地支持可持续发
展。例如，早在2003年，花旗银行、巴克莱银行等分属7个
国家的10家国际银行签署了赤道原则，要求实行赤道原则的
金融机构在项目融资业务中考虑到社会和环境影响问题；澳
大利亚MECU银行对于每一种汽车贷款，都会考虑与汽车类
型有关的温室气体评级，并相应地提供较低的利率；英国巴
克莱银行发行一种新型信用卡，在用户消费有关绿色产品或
服务时提供优惠利率，并将该信用卡业务收益一半投入绿色
环保领域。

　　第二，绿色金融法律法规相对完善。立法和监管行动，特
别是与他们为环境市场提供的价格/市场可信度以及与他们对不
可持续的实践和运营施加的限制有关的，均会显著刺激各类利
益相关者对绿色产品和服务的需求。欧洲国家政府非常主动制
定各项绿色金融政策，例如欧盟碳排放权交易制度、绿色基金
在荷兰大力发展、德国出台强有力的可再生能源馈电法等，均
会提升和推动"更加绿色的"消费者选择的需求及发展。同时，
政策的扶持，可以极大地促进社会对环保的重视，通过提升环
保产品、服务的可信度，进而促进环保产品的消费。尽管美国
拒绝签署《京都议定书》、退出《巴黎协定》，但美国从20世
纪至今不断完善环境保护法，联邦政府相继出台了《环境质量
改善法》（1970年）、《美国环境教育法》（1970年）、《清洁空
气法》（1970年）、《清洁水法》（1972年）、《超级基金法》
（1980年）、《机动车燃料效益法》（1980年）、《能源政策法》

---

① 联合国环境规划署金融行动机构（UNEP FI）北美工作组（NATF）调查报告：2007年
全球圆桌峰会——从认知到行动：当今全球市场。

（1992 年）、《2009 年美国清洁能源与安全法》等，明确相关利益者的责任，通过实施绿色金融法律法规，明确金融机构所要承担的义务。通过实施这些法律法规，厘清政府、市场之间的关系。

第三，绿色政策性银行的引领作用得到较好的发挥。例如，英国绿色投资银行（Government Investment Bank，GIB）成立于 2012 年 10 月，由国家主导，是主要为绿色项目提供资金的银行。成立 GIB 就是完成政府对公众的环保承诺，并且使用财政支持、融资杠杆的方式，促进绿色项目的发展，调动私人投资的积极性。[①] 尽管 GIB 于 2017 年被麦格理集团（Macquarie Group）收购，并改名为"Green Investment Group"（GIP），但 GIP 于 2012—2017 年已经为绿色基础设施项目募集超过 120 亿英镑。2012—2015 年，GIB 总共投资的项目达到 26 个，而且涉及了 5 家基金，投资范围遍布整个英国，它可以为 300 万个英国家庭提供可再生能源，大大减少了温室气体的排放量，减少的排放量相当于 160 万辆汽车产生的废气。GIB 具有完整的绿色政策体系以及高效的业务经营模式，起到很好的引领作用。其政策体系由绿色投资原则、绿色投资政策、绿色影响报告准则、负责人投资原则、企业环境政策以及赤道原则组成；其业务经营模式包括投资绿色环保项目，也通过股份、信贷、基金等投资手段，但不提供优惠利率贷款和补贴。GIB 的成功经验将为之后的企业起到了一定的示范作用，能够吸引到很多的私人投资，为新能源技术研发和金融创新提供有力的资金保障。[②]

---

① 张云：《论英国绿色投资银行（GIB）的发展借鉴》，《齐齐哈尔大学学报》（哲学社会科学版）2015 年第 6 期。

② 张云：《论英国绿色投资银行（GIB）的发展借鉴》，《齐齐哈尔大学学报》（哲学社会科学版）2015 年第 6 期。

　　第四，绿色金融产品和服务创新层出不穷。西方国家绿色金融产品和服务体系复杂，从有关产品和服务供给方来看，可以包括银行、投资机构、企业和保险机构等几大类。其中，零售银行绿色金融产品包括住房抵押贷款、商业建设信贷、房屋权益信贷、汽车运输信贷、信用卡、借记卡，以及绿色销售、绿色支票产品；企业和投行绿色金融产品包括项目融资、资产证券化、融资担保、融资租赁、碳金融衍生产品、私募股权投资等很多类型；绿色金融资产管理产品包括金融基金、投资基金、碳基金、巨灾债券基金；保险的绿色金融产品包括汽车保险、家庭和商业保险以及碳保险。[①]

　　因此，中国绿色金融可以从以上四个方面着手促进绿色金融发展。具体而言，首先，可以使用简单易懂的语言向广大群众大力宣传绿色金融发展对中国环境乃至世界的意义和必要性。毕竟，光靠政府的单独行动是无法确保这一伟大工程的完成，人民才是绿色金融发展的保障和坚实后盾。其次，政府应完善顶层设计，即完善配套的绿色金融法律法规及政策，确保绿色金融发展过程中有法可依、有法必依。绿色金融不仅是空谈的口号，还涉及一系列复杂金融产品的设计与运作，这就要求中国人民银行以及四大国有银行一方面勇于发挥该有的引领作用，帮助其他小银行合理转化为"绿色银行"，另一方面积极开发创新绿色金融产品和服务，勇于在试错过程中改进完善相关产品和服务。

第二节　国内绿色金融发展概况

　　在中国发展规划中，绿色发展占据着重要位置。中国将国

---

　　① 翁智雄、葛察忠、段显明、龙凤：《国内外绿色金融产品对比研究》，《中国人口·资源与环境》2015 年第 6 期。

内绿色发展理念与国际绿色理念相融合，并在全国和地方层面的实践中不断促进绿色发展。在中国改革发展上，绿色发展也具有重要的战略意义，我国进行了自上而下的、由政府主导的绿色金融实践。作为全球首个进行绿色金融顶层设计的国家①，中国制定并实施了一系列政策，自上而下地指导我国绿色金融事业逐步展开。在此过程中，中国绿色金融的发展取得了瞩目成就。

一 国内绿色金融发展阶段

（一）绿色金融的起源阶段（1995—2007 年）

中国率先在银行业金融领域提出了通过信贷调节手段淘汰高污染、高耗能企业，预防环境风险的理念。1995 年，国家环境保护局出台《关于利用绿色信贷促进环境保护的通知》，开启了国内绿色信贷等绿色金融的发展。随后，中国人民银行发布了《关于实施信贷政策促进环境保护的通知》。2007 年，中国银行业监督管理委员会制定并印发了《节能减排授信工作指导意见》，指出"需要制定出明确的高耗能、污染行业的授信操作标准，明确支持节能减排行业和项目的发展"。这是中国首次将全社会的节能减排责任上升到银行业金融机构的社会责任，提出从员工意识、标准制定和授信工作方面入手，预防高耗能和高污染带来的各类风险。间接融资特别是银行信贷一直是社会融资的主要方式，银监会发布绿色金融相关监督政策，对于促进国内绿色经济的发展具有积极作用。紧接着，金融监管部门也相继为淘汰落后产能的工作提供了指导性意见。在《关于改进和加强节能环保领域金融服务工作的指导意见》中，

---

① 赵峥、袁祥飞、于晓龙：《绿色发展与绿色金融》，经济管理出版社 2017 年版，第 83 页。

针对节能环保的企业、项目和技术研发给予信贷支持，并进一步推进节能环保领域的直接投资，改进节能环保领域的金融服务内容。2007 年，国家环境保护局等联合发布《关于落实环保政策法规防范信贷风险的意见》，标志着中国绿色金融制度正式形成。

（二）绿色金融的逐步成熟阶段（2008—2015 年）

2009 年，央行等金融监管部门联合发布《关于进一步完善金融服务、支持重点产业调整振兴、遏制部分行业产能过剩的指导意见》，要求对金融产品和服务方式进行创新，同时也要调整落后产能的融资渠道，加强信贷结构风险预警，为优化信贷结构和淘汰落后产能服务。2010 年 9 月，第六届中国吉林东北亚投资贸易博览会长春国际金融高级别会议在吉林长春召开，金融监管部门和与会的经济学家达成共识，形成了"绿色金融松苑共识"，积极推动"绿色金融"模式和"绿色金融"业态发展，促进绿色信贷、绿色债券和绿色保险等创新。中国人民银行和中国银行业监督管理委员会于 2010 年 5 月发布了《关于进一步做好支持节能减排和淘汰落后产能金融服务工作的意见》，要求金融机构将节能和环保作为审理贷款的重要内容。在"十二五"期间，为了加快经济方式转变和产业结构升级，我国加快发挥金融系统引导绿色发展的进程。2011 年 10 月，国家发展改革委印发《关于开展碳排放交易试点工作的通知》，宣布在京、津等地区开始实施碳排放权的交易试点建设，标志我国碳排放权交易市场的正式起步。

2011 年后，中国银监会相继印发《绿色信贷指引》《绿色信贷统计制度》《绿色信贷考核评价体系》等，国内绿色信贷制度逐步完善。《关于印发绿色信贷指引的通知》颁布之后，该文件成为国内绿色信贷机制的重要标准性文件，而且在此文件中，中国首次提出了"绿色信贷"的相关概念解释，为银行的绿色信贷业务的发展提供相应的指导。在《关于绿色信贷工作的意见》中，要求银监局、金融机构在经营管理的过程中，始终坚持绿色信贷理念，按照相关要求完成业务、服务、产品。2013年，《绿色信贷统计制度》正式推出，明确了各个银行需要针对环境风险比较大的企业，银行提供的贷款项目进行统计。2014年，《绿色信贷实施情况关键评价指标》推出，在此指标之中明确了银行绿色评价的重要标准，以及实施评价的重要依据。

2015年，中共中央、国务院首次提出要推广绿色信贷、排污权抵押等融资方式，开展环境污染责任保险的试点。成立中国金融学会绿色金融专业委员会，发布《生态文明体制改革总体方案》。这是国家首次提出要建立绿色金融体系。

（三）绿色金融的全面推进阶段（2016年至今）

进入"十三五"时期，中国开始全面推进绿色金融体系建设。

2016年，在国家"十三五"规划中，提出"建立绿色金融体系，发展绿色信贷、绿色债券，设立绿色发展基金"，这表明构建绿色金融制度已经上升为国家战略。同年，央行、财政部等七个部门联合发布《关于构建绿色金融体系的指导意见》，这标志着中国绿色金融制度已经进入实施阶段。《关于切实做好全国碳排放权交易市场启动重点工作的通知》发布，强调需要不断完善中国碳排放权交易市场，并且在同年的3—4月，沪、深证券交易所都开始了绿色公司债试点工作。

2017年，证监会发布《关于支持绿色债券发展的指导意见》，推动国内绿色债券市场发展。一行三会、国家标准委联合发布《金融业标准化体系建设发展规划（2016—2000年）》，提出建立绿色金融标准体系，推动绿色金融标准化。2017年，国家开始在浙江、江西、广东、贵州、新疆五省份进行绿色金融改革实验区的建设。

2018 年，各地陆续发布各省份的建设绿色金融的实施方案，全面推进绿色金融发展。

2019 年，国家发改委等七个部门联合公布了《绿色产业指导目录（2019 年版）》，这是国内绿色金融标准化建设又一重大突破。央行发布《关于支持绿色金融改革创新试验区发行绿色债务融资工具的通知》，扩展了试验区绿色债务募集资金用途。

2020 年 9 月 22 日第 75 届联合国大会一般性辩论会议上，习近平主席提出，中国会按照自主贡献的情况，提供相应的政策扶持，而且按照统计预测，在 2030 年的时候，中国的 CO_2 排放量将会达到最高点，并能够在 2060 年实现碳中和。实现碳峰值、碳中和这一中长期目标，不仅是中国积极应对气候变化、推动人类共同体建设的责任，也是中国贯彻落实新发展理念、促进经济高质量发展的必然要求。

在《中共中央关于制定国民经济和社会发展第十四个五年规划和二〇三五年远景目标的建议》中提到，面对新时代生存和发展环境、条件及要求的重大变革，要以高质量发展为基本目标、以创新为基本动力、以绿色为普遍形态和以系统集成为着力点，将国内大循环作为主要部分，并且通过国内外的双循环，形成全新的发展模式。绿色金融具有连接、反映、配置和控制生态、经济和社会系统运行与结构的功能，构建绿色金融发展新格局，为生态经济社会高质量协同发展和结构秩序稳定贡献金融力量，成为绿色金融在"十四五"期间改革的主要任务之一。

中国在绿色金融的发展历程中，主动发挥制度优势，结合资金、技术和人员的现实情况，稳步推进绿色金融市场体系的建设。中国作为首个由政府主导设计的绿色金融政策框架，向世界发出了明确信号，表明中国积极应对环境和资源的挑战，为全人类的绿色进步做出努力。

专栏3—1　碳中和目标下绿色金融发展面临巨大发展机遇

2020年9月22日，联合国大会一般性辩论中，习近平郑重宣布，中国将在2030年，实现碳达峰，并且在2060年之前，达到碳中和的目标。这是中国里程碑式的承诺，通过此承诺，保障中国实现低碳的经济发展模式，也正在激励其他主要国家做出碳中和的承诺，有望成为确保《巴黎协定》在全球实质性落地的最重要推动力。中国等主要国家的碳中和承诺将大大提高《巴黎协定》目标得以实现的可能性，进而避免出现亿万气候难民的危机，因此，将成为构建人类命运共同体的最重要内容之一。

实现碳中和需要数百万亿元的绿色投资。实现碳中和需要大量的资本支持，而且很多的资金都需要社会参与。关于碳中和所需要的绿色低碳投资规模，许多专家和机构有不同的估算。比如，《中国长期低碳发展战略与转型路径研究》的报告之中包含了4种类型的情景构想，在实现1.5℃的目标下，需要投资高达138万亿元，占年度GDP的2.5%。按照中国投资协会和落基山研究所测算，如果要达到碳中和的目标，需要不断提升自身的能源再生、能效等方面的技术，涉及的投资将达到70万亿元。预计在接下来的三十年中，中国需要在绿色低碳方面投入的资金会超过百万亿元，甚至会更多，由此可见，绿色金融方面的发展前景是十分可观的。

碳中和为金融业带来前所未有的发展机会，实现碳中和目标，需要巨大投入，这将为金融机构提供绿色金融业务快速成长的机遇。其中，几个典型的产品范围包括：

1. 银行：通过创新发展，找到合适的清洁能源，并且设计出有效的绿色交通项目的产品、服务，促进绿色建筑领域构建全新的筹资渠道，并且在星级建筑等领域，可以不断发展和深挖全新的融资产品，促进能效信贷等产品发展。对于小微型的企业、消费者以及农业，需要通过转变服务方式，保障其能够实现绿色发展。对于能源等绿色行业，可为其提供相应的金融产品，例如转型贷款等。

2. 绿色债券：推行政府绿色专项债等产品，优化发展绿色债券市场，保障市场的流通性，维持市场始终处于良性发展的状态，以此吸引更多境外的资金，让更多的境外人员购买国内的绿色债券产品。

3. 绿色股票市场：对于绿色企业的 IPO 审核、备案等流程，都需要通过深入研究，不断完善绿色企业的上市通道审核机制。如果企业的经营情况、发展状态都比较好，那么可以让其先于其他企业参与到转板试点之中。

4. 环境权益市场和融资：通过发展环境权益可作抵押的方式，以此帮助企业获得融资，不断完善碳金融产品。

5. 绿色保险：不断推动绿色建筑保险等产品的创新，完善绿色保险的种类。

6. 绿色基金：通过社会各方共建绿色、转型等类型的基金，通过进行股权投资的方式，保障绿色能源行业的转型有充足的资金扶持。

7. 私募股权投资：对于孵化绿色低碳科技类型的企业，鼓励股权投资基金对这类企业进行投资，促进项目、企业并购顺利完成。通过吸引私人资本，并与区域股权市场建立合作关系，为绿色企业挂牌转让提供便利。

8. 碳市场：扩大控排范围，把更多的行业纳入控排，如高耗能工业等，同时加强农业、林业减排等领域管理。

二 国内绿色金融外部发展环境的优化

(一) 宏观环境

中国奉行绿色发展理念，高举和平、发展、合作、共赢的旗帜，倡导构建人类命运共同体。党的十五大报告就已经明确提出实施可持续发展战略，指出要提高资源利用效率，资源开发与节约并举，节约优先，控制人口增长，加强环境污染治理，改善生态环境等。党的十六大之后，坚持科学发展观，建设生态文明，提出要增强可持续发展能力，坚持资源节约和生态保护基本国策，建立资源节约型、环境友好型社会等战略举措。在党的十七大报告中进一步提到建设生态文明新的要求，在十七届五中全会也明确了绿色、低碳的发展新理念，提出促进建筑、施工、矿业等实现绿色发展。对于消费者，需要积极树立绿色的消费观念。对于政府，也需要实现绿色的采购模式。以习近平同志为核心的党中央把生态文明建设和环境治理放到了前所未有的战略高度，提出要把绿色发展当作国家发展基础条件。党的十八大提出了绿色、循环、低碳的发展理念，并确立了美丽中国的建设目标。这也是党第一次将美丽中国作为国家建设和发展的重要目标，而且生态文明在国家总体战略布局中，处于重要位置。党的十八届五中全会提出了"创新、协调、绿色、开放、共享"五大发展理念。党中央、国务院明确提出"既要金山银山，也要绿水青山"，并提出了绿色 GDP 的概念。绿色 GDP，指从环境保护角度衡量国内生产总值，即从 GDP 中扣除自然资源耗减价值与环境污染损失价值，体现的是经济增长与自然环境并重。实施绿色 GDP 核算极大地促进经济增长方式的转变，并且提高了公众的环境资源保护意识。2015 年末，颁布了《中共中央关于制定国民经济和社会发展第十三个五年规划的建议》(以下简称"十三五"规划)；同年 9 月 G20 峰会在杭州举行，会议上再次强调了可持续发展的必要性。在《中共中央关于制定国民经济和社会发展第十四个五年规划和二〇三五年远景目标的建议》提出要发展绿色金融。

（二）司法

2015年1月1日，新修订的《环境保护法》正式实施。新修订的《环境保护法》，明确了环保的基本原则、基本制度框架，该法成为环保的基础性法律，也是生态文明制度建设的一项重要内容，是推动国内环保事业发展，解决国内的环境问题，实现依法治国的基本方针[1]。为了给绿色金融市场体系的构建提供更充足的外部政策引导，最高人民法院配合新《环境保护法》，2015年颁布《关于审理环境民事公益诉讼案件适用法律若干问题的解释》，提出对社会组织可提起环境民事公益诉讼、环境民事公益诉讼案件可跨行政区划管辖、同一污染环境行为的私益诉讼可搭公益诉讼"便车"、减轻原告诉讼费用负担等四方面内容作出了规定。《最高人民法院关于审理环境民事公益诉讼案件适用法律若干问题的解释》的颁布强调环境保护是一项系统工程，加强了党委、人大、政府、司法机关以及社会各界在环境保护领域的共同合作[2]。2016年实行修订后的《中华人民共和国大气污染防治法》，对"环境公益诉讼"、地方人民政府应对"重度污染天气"的措施以及处罚措施做出规定，强化了政府责任，确保了从源头治理环境污染。

（三）地方

2015年7月1日，中央全面深化改革领导小组十四次会议通过了《环境保护督察方案（试行）》《生态环境检测网络建设

---

[1]　《充分认识新环境保护法颁布实施的重大意义——沈跃跃副委员长在新环境保护法贯彻实施座谈会上的讲话》，《中国人大》2015年第2期。

[2]　资料来源：《最高法发布审理环境民事公益诉讼案件司法解释》，2015年1月6日，中国法院网（https://www.chinacourt.org/article/detail/2015/01/id/1529165.shtml）。

方案》《开展领导干部自然资源资产离任审计试点方案》和《党政领导干部生态环境损害责任追究办法（试行）》等文件，加强了地方政府在环境保护领域的主体责任。2016 年 1 月 4 日，中央环保督察组开展第一轮督察工作，把考察结果作为地方干部考核标准的重要内容，以此提高地方官员在环境保护方面的工作积极性。此外，同年 9 月颁布的《关于省以下环保机构监测监察执法垂直管理制度改革试点工作的指导意见》，成为构建环境监察专员和加强环保重点领域基层执法力量。此类措施进一步优化了地方政府环境保护主体的责任意识，促使地方政府主动积极地开展环保工作。

《环境保护督察方案（试行）》实施后，在第一轮督察工作开启的第三年，中央环保督察组在 2018 年对 20 个省（区）开展"回头看"。为了进一步巩固督察成果，2019 年 6 月，中办、国办印发《中央生态环境保护督察工作规定》，按照党内法规的方式，完善了中央环保督察制度、责任等方面的标准，并提出，在实施督察工作的过程中，要始终坚持党的领导，突出和强调纪律责任，并且更加丰富和完善了督察的顶层设计。根据党中央、国务院的决策部署，中央环保督察组从 2019 年开始利用三年对被督察对象开展新一轮督察，并于 2022 年对一些地方和部门开展"回头看"。与第一轮督察相比，第二轮督察明确把国务院有关部门和有关中央企业作为督察对象，把落实新的发展理念、推动高质量发展作为督察内容，并进一步强化宣传和典型案例发布，采用新技术和新方法来提高督察效能。

三　国内绿色金融发展供需市场现状简介

（一）清洁和可再生能源（电力）

根据《可再生能源发展"十三五"规划》，中国 2020 年生物质能发电量将达到 1.5 亿千瓦。而根据 2014 年国家发展改革委印发的《国家应对气候变化规划（2014—2020 年)》，中国在 2020 年的核电总装机量需要达到 5800 万千瓦。在规划目标的驱动下，2017—2018 年，中国清洁和可再生能源（电力）发电装机、水电装机、风电装机、光伏发电装机、生物质发电装机和核电装机稳步上升。而在 2018 年，清洁和可再生能源（电力）发电装机占全部电力装机的比重上升，清洁和可再生能源（电力）对其他能源的替代作用日益凸显。[①]

2017 年至 2019 年，由于水电单位造价、风电单位造价和光伏电站的单位造价下降，水电、风电和太阳能发电完成投资的总金额下降。[②] 由于生物质能单位成本下降的空间小，生物质发电完成的总金额上升。[③] 随着核电"走出去"战略的实施，我国核电投资需求也在稳步上升。

（二）生物质开放利用（非电力）

生物质能包括生物质成型燃料、生物质液体燃料和生物天然气。随着中国对生物质能的大力推进，中国生物质发电将向生物质热电联产和生物质能供热方向转变，生物质能供热也有望替代燃煤供能，生物质能研发和利用的目标也更为详尽。《生物质能发展"十三五"规划》提出，2015 年生物质成型燃料年利用量约 800 万吨，规模化沼气年产气量约 50 亿立方米，而到 2020 年，生物质成型燃料年利用量将达到 3000 万吨，生物天然气利用量将达到 80 亿立方米。

2017 年至 2019 年，中国生物质开发利用（非电力）投融

---

① 数据来源：2018 年风电并网运行情况，2019 年 1 月 28 日，http：//www. nea. gov. cn/2019－01/28/c_137780779. htm。

② 资料来源：《到 2019 年底大部分光伏系统造价会低于 3.7 元/W！》，2018 年 7 月 25 日，索比光伏网（https：//news. solarbe. com/201807/25/291206. html）。

③ 资料来源：《我国生物质发电造价、燃料成本有多高?》，新能源网（http：//www. china-nengyuan. com/baike/5281. html）。

资资金持续增加①，无害化处理设施建设和规模化大型沼气工程逐渐成为生物质能的重点发展领域。

（三）工业废水治理

根据《水污染防治行动计划》可知，2020 年，中国用水总量控制在 6700 亿立方米以内，供水管网漏损率控制在 10% 以内，全国万元工业增加值用水量比 2013 年下降至 47 立方米以下。2017 年至 2019 年，中国工业废水治理投融资资金保持上升，其原因是工业废水单位处理成本的进一步增加和与之而来的工业废水治理投资的持续上涨。目前工业废水处理设施产能利用率只有约 50%，因此"十三五"期间新建工程设施的发展空间较小。②

（四）工业废气治理

根据《关于推进供给侧结构性改革防范化解煤电产能过剩风险的意见》，在"十三五"期间，国内停建和缓建煤电产能将达到 1.5 亿千瓦，淘汰落后产能达到 0.2 亿千瓦以上。2017 年至 2019 年，由于中国火电装机容量增速稳定③，燃煤工业锅炉改造工作已步入正轨，中国工业废气治理投融资资金波动较大。随着未来火电投资增速、火电装机容量得到进一步控制，工业废气投资的增幅会发生较大波动。

（五）工业固体废物

根据《"十三五"节能减排综合工作方案》可知，到 2020 年，固体废物综合利用率达到 73% 以上；《工业绿色发展规划

---

① 资料来源：《2019 年中国生物质能源行业市场现状及发展前景 投资规模持续增长将是发展关键》，2019 年 7 月 1 日，前瞻产业研究院（https://bg.qianzhan.com/report/detail/459/190701 – a6189ee3.html）。

② 资料来源：《2018 年中国城镇污水处理市场投资情况分析》，2018 年 4 月 8 日，产业信息网（http://www.chyxx.com/industry/201804/627723.html）。

③ 资料来源：《2019 年全国电力装机量、发电量、用电量数据盘点》，2020 年 2 月 10 日，北极星电力新闻网（http://news.bjx.com.cn/html/20200210/1041108.shtml）。

（2016—2020年）》提出，到2020年大宗工业固体废物综合利用率将达到21亿吨。

2016年底发布的《"十三五"节能减排综合工作方案》提出，"十三五"期间中国工业固体废物治理水平提升至综合利用的水平上。受此影响，2017年至2019年，我国工业固体废物治理的单位投资成本快速上升，工业固体废物治理投融资资金持续上升。[①]

（六）城镇排水

中国城镇人口数量不断上升，2019年中国常住人口城镇化率超过60%。[②] 随着常住人口的增长，待处理污水的总量也随之扩大。另外，受到城镇排水的标准更加严格和单位治理成本上升的影响，中国城镇排水投融资资金需求将持续上升。

（七）城镇供水

根据《国务院关于印发水污染防治行动计划的通知》和《水污染防治行动计划》的要求，到2020年中国管网漏损率要控制在10%以内。为了推进中国的管网改造和自来水厂水质改造工程，中国在2017年至2019年的供水新增投资将持续增加。

（八）城镇生活垃圾处理

受到城镇人口数量持续上升和生活垃圾清洁力度增加的影响，中国在2017年到2018年的城镇生活垃圾处理（不包括建筑垃圾）的新增处理量急剧上升[③]，导致新增投资资金也极大增

---

① 资料来源：《2020固废、污水将再次迎来高光时刻》，2020年3月9日，北极星固废网（http://huanbao.bjx.com.cn/news/20200309/1051734.shtml）。

② 资料来源：国家统计局：《2019年中国城镇化率突破60%　户籍城镇化率44.38%》，2020年2月28日，中国财经（http://finance.china.com.cn/roll/20200228/5207268.shtml）。

③ 资料来源：《垃圾分类行业数据分析：2018年中国生活垃圾焚烧无害化处理量约为10185万吨》，2019年12月22日，艾媒网（https://www.iimedia.cn/c1061/67342.html）。

加。"十三五"期间，我国垃圾焚烧市场空间有望超 3500
亿元。[①]

（九）城市轨道交通

2017 年至 2019 年，我国城市轨道交通投融资的资金持续下
降。2017 年全国城市轨道交通的投资额相较于 2016 年有大幅度
上升[②]，主要原因在于 2017 年出台的《"十三五"现代综合交通
运输体系发展规划》使得城市轨道交通投融资的需求更为明确。
而到了 2018 年，由于《交通基础设施中大工程建设三年行动计
划》进行到最后一年，对城市轨道交通的新增投资开始下降。[③]
2019 年，《"十三五"现代综合交通运输体系发展规划》也接近
尾声，投资资金将持续下降。

（十）工商业场地修复

2017 年至 2019 年，中国工商业场地修复资金增长明显。[④]
虽然在 2018 年经历了资本"寒冬"和国进民退，环保产业企业
压力陡增，但是工商业场地修复市场仍旧稳步发展。为了保证
"十三五"期间对工业场地的修复比例，以及适应《土壤污染防
治法》中把土壤污染防治工作纳入法制化轨道，并为保障《工
矿用地土壤环境管理办法（试行）》中为工矿用地土壤修复的稳
步发展，2019 年的工商业场地修复资金量有大幅度的提升。

（十一）耕地土壤修复

2017 年到 2018 年，由于土壤污染状况调查情况尚未完

---

①　资料来源：《生活垃圾处理行业数据统计 2019 年 18 个省市生活垃圾处理缺口超过 20 万
吨》，2020 年 4 月 11 日，北极星固废网（http://huanbao.bjx.com.cn/news/20200411/
1062420.shtml）。

②　资料来源：《中国地铁疯狂扩张，规划投资额接近 4 万亿》，2018 年 4 月 2 日，好奇心时
报（http://www.qdaily.com/articles/51720.html）。

③　资料来源：《2018 年中国城市轨道交通新增/运营线路规模大汇总》，2018 年 12 月 29
日，RT 轨道交通网（https://www.sohu.com/a/285529286_682294）。

④　资料来源：《场地修复项目数量金额持续多年增长　潜在市场规模超千亿》，2020 年 5
月 20 日，北极星环保网（http://huanbao.bjx.com.cn/news/20200520/1073901.shtml）。

成，土壤污染底数不清，相关项目储备不足，中国耕地修复资金需求减少。2019 年，为了尽快落实《土壤污染防治行动计划》中关于土地安全利用面积和重度污染耕地种植结构调整等的要求，并遵守《土壤污染防治法》的相关规定，中国加大了对受污染土壤的修复力度，耕地土壤修复的投资需求也随之上升[1]。

（十二）地下水修复

根据《"十三五"生态环境保护规划》，我国地下水质量极差的比例将下降到 2020 年的 15% 左右。2017 年到 2019 年，受到需要修复地下水水量的差异的影响，地下水修复投融资的资金需求先上升后下降。由于需要修复的地下水水量将持续下降，中国地下水修复投融资的资金需求也会进一步下降[2]。

（十三）节能

2017 年到 2018 年，国家政策对节能技术的支持力度增加，我国节能投资需求增长放缓[3]。根据《"十三五"节能减排综合工作方案》，2020 年全国万元国内生产总值能耗比 2015 年下降 15%。在节能工作收尾阶段，规划的节能需求收缩，2019 年的节能投资需求出现大幅度下降。

（十四）节水

根据《"十三五"新增 1 亿亩高效节水灌溉面积实施方案》的目标，"十三五"期间，全国新增高效节水灌溉面积为 1 亿亩，总投资将达到 1279 亿元，可新增年节水能力达到 85 亿立

---

① 数据来源：《2019 年中国土壤修复行业市场发展现状：中央已累计拨付 280 多亿元专项资金 下一步将鼓励民间资本参与》，2020 年 3 月 20 日，前瞻网（https://www.qianzhan.com/analyst/detail/220/200319-7f3351dc.html）。

② 数据来源：《2019 年中国地下水生态修复市场分析报告——行业运营现状与发展动向预测》，2019 年 6 月 3 日，http：//baogao.chinabaogao.com/zhuanyongshebei/424863424863.html。

③ 数据来源：《2017 年国民经济和社会发展统计公报》和《2018 年国民经济和社会发展统计公报》。

方米。随着达成目标的进程不断推进和我国工业和农业节水技术的不断提高，2017 年到 2019 年，我国工业和农业节水量将稳步下降，工业和农业节水的投融资资金将出现大幅度缩减①。

（十五）绿色建筑

《住房城乡建设事业"十三五"规划纲要》提出，2020 年城镇新建建筑中绿色建筑推广比例超过 50%。而根据《建筑节能与绿色建筑发展"十三五"规划》的目标，2020 年的中国城镇新建建筑能效水平比 2015 年提升 20%。

2017 年到 2018 年，受到绿色住宅建筑和绿色公共建筑新增面积增长的影响，中国绿色建筑投融资资金上升。而在 2018 年到 2019 年，由于绿色住宅建筑和绿色公共建筑新增面积下降和 2019 年绿色建筑面积增量中二星级和三星级的比重减少，2019 年中国绿色建筑投融资资金出现下降②。

（十六）新能源汽车

近年来，中国新能源汽车技术不断成熟，新能源汽车产能持续上升。在国家政策的支持下，企业加大了对新能源汽车的投入力度。受到上述因素的影响，2017 年至 2018 年，我国的新能源汽车投融资资金持续增加。但受到产能过剩风险的影响，2019 年，新能源汽车投融资上升的空间被缩减，投融资资金增长将趋于平稳③。

---

① 数据来源：《2017 年国民经济和社会发展统计公报》和《2018 年国民经济和社会发展统计公报》。

② 数据来源：《2020 年中国绿色建筑行业发展现状及趋势分析　政策春风推动产业快速发展》，2020 年 4 月 12 日，前瞻网（https://www.qianzhan.com/analyst/detail/220/200410 – 83e03daa.html）。

③ 数据来源：《新能源汽车投融资步入"冷静期"》，2020 年 5 月 14 日，中国环境（https://www.cenews.com.cn/company/202005/t20200514_942185.html）。

四　国内各类绿色金融产品发展现状

（一）绿色信贷

1. 发展状况

中国金融体系以间接融资为主，银行信贷在社会融资体系中的占比较高。因此，构建和完善绿色信贷政策体系，是加快中国绿色金融发展和保证发展质量的重要前提。近年来，中国绿色信贷市场规模稳步增长。随着中国银行业在绿色金融领域的不断成熟，绿色信贷也成为中国最为重要的绿色融资方式之一。截至 2019 年末，中国绿色贷款余额达到 10.22 万亿元，较年初增长 15.4%，比同期企业及其他单位贷款增速高 4.9 个百分点，余额占企事业单位贷款余额的 10.4%。国际化的绿色债券达到了 2577 亿美元，增长率达到了 51.06%。截至 2019 年末，21 家主要银行机构的绿色余额已超过 10 亿元。

2018 年，从绿色信贷资金投放的项目来看，绿色交通运输项目和可再生能源及清洁能源项目为重点领域，这两个项目占绿色贷款余额的 71.6%。其中，2018 年投向绿色信贷对绿色交通运输项目的贷款约为 3.82 万亿元，同比增长 18.1%，全年增加 5858 亿元；投向绿色交通运输项目的贷款约为 2.07 万亿元，同比增长 12.7%，全年增加 2337 亿元。从行业看，交通运输、仓储和邮政业绿色贷款为 3.66 万亿元，全年增加 5954 亿元，同比增长 19.4%；电力、热力、燃气及水生产和供应业的绿色贷款为 2.61 万亿元，全年增加 2892 亿元，同比增长 12.5%。

由于考虑了环境与社会风险，中国绿色信贷资产的风险较低。2020 年上半年的绿色贷款的不良率仅为 0.73%，较全国贷款不良率平均水平 2.10% 低 1.37 个百分点[①]。数据表明，中国绿色信贷不良率明显低于非绿色信贷的不良率，中国绿色信贷资产质量较好。在发展绿色信贷的方向上，中央与地方共同发力，以确保将绿色信贷实质性激励政策落实到位。在中央层面，中国人民银行明确将符合标准的绿色金融资产纳入货币政策工具的合格抵押品范围，并在宏观审慎评估（MPA）工作中将绿色信贷纳入考核，为银行业金融机构通过多种货币政策工具开辟了新渠道。以宏观审慎评估（MPA）为例，中国人民银行在《货币政策执行报告（2017 年第四季度）》中表明，绿色金融将作为评估指标纳入"信贷政策执行情况"项下，作为 2017 年第三季度宏观审慎评估的内容之一。为了明确绿色金融得分的具体评估方法，《中国人民银行关于开展银行业存款类金融机构绿色信贷业绩评价的通知》中使用科学的评分方法设置了绿色信贷指标，以便于考察多维度的绿色信贷经营数据。

在地方层面，湖州市作为绿色金融发展试点的成功案例，受到了国内和国际社会的关注。湖州市在绿色项目和绿色金融的担保贴息工作上，将绿色项目分为深绿、中绿和浅绿，并分别给予12%、9%和6%的贴息。

银行金融机构在绿色金融领域不断实践。例如，兴业银行在 2008 年底加入赤道原则，成为中国第一家"赤道银行"。2007 年工商银行提出绿色信贷具体建设计划；截至 2018 年底，工商银行投向生态保护和节能环保等环保项目与服务的绿色信贷余额达到 12377.58 亿元，增幅达到 12.6%，比同期公司贷款余额增速高出 6.6 个百分点[②]。

---

① 数据来源：《绿色金融成为推动经济绿色发展的关键力量》，2020 年 9 月 14 日，新浪财经（https://finance.sina.com.cn/roll/2020-09-14/doc-iivhuipp4179762.shtml）。

② 数据来源：《六大行绿色信贷余额已超 4.4 万亿》，2019 年 6 月 6 日，http://xw.sinoins.com/2019-06/06/content_293691.htm。

2. 政策演变

从 2007 年开始，中国逐步发展建立和完善绿色信贷政策，从引导推动到引领绿色信贷的发展，并且颁布了《关于落实环境保护政策法规防范信贷风险的意见》，对加强环保和信贷管理工作做出的指导，指出利用信贷手段保护生态环境意义重大，要及时完善企业和建设项目的环境监管和信贷管理。同年推出《节能减排授信工作指导意见》，要求银行的金融机构要站在落实科学发展观的战略高度出发，落实好与节能减排有关的授信工作。2012 年 2 月，银监会发布了《绿色信贷指引》，提出银行业金融机构要积极推进绿色信贷，调整信贷结构，确保做好对实体经济的服务工作。《绿色信贷指引》是国内绿色金融发展纲领性文件，是国内绿色信贷政策重要组织部分，对明确银行金融机构绿色信贷支持方向与重点领域，完善社会与环境风险管理，推进国内绿色信贷业务发展，提升金融服务绿色低碳循环经济能力具有重大意义。

近年来，中国不断出台各项政策，进一步引导金融机构加强绿色信贷基础统计能力和完善对银行金融机构整体绿色水平的评价办法。2013 年，《绿色信贷统计制度》发布，明确了绿色信贷的统计口径，对开展绿色信贷业务做了规范。2018 年 1 月，《关于建立绿色贷款专项统计制度的通知》发布，明确金融机构报送绿色贷款转向统计数据的要求。同年 7 月，推出《中国人民银行关于开展银行业存款类金融机构绿色信贷业绩评价的通知》，确定了关于统计方法与指标体系的内容。2012 年，银监会印发了《银行业金融机构绩效考评监管指引》，在评价办法方面，要求对银行金融机构在支持绿色发展等方面的业务进行考评。2017 年，中国银行业协会颁布的《中国银行业绿色银行评价实施方案（试行）》细化了绿色信贷 KPI 评价指标体系，确定了能计算出银行整体绿色评价分数的方法。2018 年，颁布了《关于开展银行业存款类金融机构绿色信贷业绩评价的通知》，作为中国人民银行分支机构开展绿色信贷业绩评价的基础参照；通知提出，按照辖区的情况，完成银行绿色信贷业绩评价标准，保障评价标准贯彻落实，以促进金融机构绿色信贷业绩的发展。

3. 发展方向

政策的支持和鼓励需要进一步加强。虽然目前国内已经出台很多支持绿色信贷发展的政策，也促进了银行业金融机构发展绿色信贷业务的工作进程，但发展绿色信贷仍需更为直接有效和更加具有实质性内容的激励措施。其中关键的一点是降低绿色资产的风险权重。清华大学五道口金融学院绿色金融发展研究中心的数据显示，若把绿色信贷的风险权重下调一半，中国绿色项目的融资成本将平均降低 0.4—0.5 个百分点。这将极大促进中国绿色经济的转型升级。

充分发挥地方绿色信贷的力量。以试点地区为重点发展目标，中央需要对地方发展的模式和路径进行"二次设计"，提出更具有指导意义的方向性安排。地方政府在发展绿色金融时需要更具有灵活性，发挥出地方特色，大胆创新，探索出具有代表性的差异化发展路径。

关注绿色信贷项目的新走向。目前，国际环境议题一大阻力来自高能耗建筑。根据研究，为积极应对全球气候变化，需要对存量中的大量建筑进行改造，降低现有建筑的能耗。2018年的数据显示，中国在绿色建筑方面的贷款只有几百亿元，占整个绿色信贷规模的很小部分。随着建筑领域节能减排越来越多被关注和认识，绿色建筑市场规模会逐步扩大，绿色信贷中的绿色建筑项目具有较大的发展空间。

（二）绿色债券

1. 发展状况

近年来随着绿色信贷的发展，绿色债券充分利用其在产品创新和期限错配问题上的优点，在中国市场上快速发展。按照统计，截至 2019 年底，国内的绿色债券共 545 只，发行总规模已突破 1.1 万亿元。2019 年，我国发行 218 只绿色债券或证券产品，共 3609.73 亿元，增长 34.4%。同年，非贴标绿色债券一共达到了 492 只，共 1.63 万亿元①。

中国绿色债券市场的主要特点呈现在以下四个方面。

一是发展速度快。2016 年，中国绿色债券发行量超过世界发行量的三分之一。截至 2019 年，中国发行绿色债券达 3862 亿元，其中贴标绿色债券发行总量居世界第一②。

二是单只发行规模巨大。兴业银行是我国最大的发行人，2018 年的发行金额达到 665 亿元人民币，占中国发行绿债总量的 23%。其发行了两只境内发行总额为 600 亿元人民币的绿色债券，单只发行规模占总发行金额的比重大③。

三是资金投向领域广泛。绿色债券投向规定的项目分为六大类，以及小类的数量达到了 31 个。2019 年一级绿色债券规模已达到 2131.01 亿元，绿色债券涉及的领域非常多，其中清洁交通领域发行绿债比例最高，达 385.3 亿元；清洁能源次之，发行规模 347.23 亿元④。

四是债券品种丰富。中国绿色债券市场涵盖了很多种信用债产品，包括金融债、公司债、企业债、中期票据、地方政府债、定向工具和短期融资券等。2018 年开始陆续出现了社会债

---

① 数据来源：《中国绿色债券市场 2019 年度分析简报》，2020 年 1 月 15 日，国际环保在线（https：//www.huanbao－world.com/green/lsjr/161596.html）。

② 数据来源：《2019 年中国贴标绿色债券发行总量居全球第一》，2020 年 6 月 30 日，新浪财经（https：//finance.sina.com.cn/roll/2020－06－30/doc－iirczymk9686311.shtml）。

③ 数据来源：《2018 年中国绿色债券发行 2826 亿元　兴业银行为最大发行人》，2019 年 2 月 26 日，经济观察网（http：//www.eeo.com.cn/2019/0226/348638.shtml）。

④ 数据来源：《中国绿色债券市场 2019 年度分析简报》，2020 年 1 月 15 日，国际环保在线（https：//www.huanbao-world.com/green/lsjr/161596.html）。

券和可持续债券。2019 年，发行人采用了绿色金融债券采取柜台发行方式、发行绿色可交换公司债券以及将项目收益债券与绿色债券相结合等的新形式和新内容，对于提升投资者绿色意识起到了良好的示范作用。

2. 政策演变

相较于国际绿色债券市场，中国绿色债券市场的起步较晚。2015 年 4 月，在国务院的"构建中国绿色金融体系"课题的研究报告中，提到了绿色债券等 14 个与绿色金融相关的主题。到 2015 年末，国内陆续出台绿色债券相关政策，标志着国内绿色债券市场正式启动。2015 年 12 月 22 日，中国人民银行将 39 号文绿金委制定的《绿色债券项目支持目录（2015 版）》发布，这是国内第一份关于绿色债券界定与分类的文件。2015 年 12 月 31 日，国家发改委发布《绿色债券发行指引》，确定企业债发行主体规则和激励措施。这两份文件属于国内首次公布的绿色债券发行正式规则，对发展绿色债券市场具有重大推动作用。

随着国家层面政策的相继颁布，债券市场的各个监管机构也陆续出台绿色债券相关监管政策。2016 年 3 月，上海证券交易中心发布《关于开展绿色公司债券试点的通知》，做出发行报送材料的规范，提出设立受理和审核绿色公司债券的绿色通道和对绿色公司债券做出统一标识。2016 年 4 月，深圳证券交易所印发了《关于开展绿色公司债券业务试点的通知》，做出了与上海证券交易中心类似的规定和内容。2017 年 3 月 22 日，中国银行间市场交易商协会发布《非金融企业绿色债券融资工具业务指引》，明确了绿色债券融资的核心机制，提出了一系列鼓励措施。

从 2018 年开始，国内陆续出台多项政策支持绿色债券市场加快发展。2018 年 3 月，中国人民银行发行了《关于加强绿色金融债券存续期监督管理有关事宜的通知》，指出未来中国人民银行继续完善监管措施，加强核查力度。同时间，央行发布了

《绿色金融债券存续期信息披露规范》，对绿色金融债券募集资金的报告重点做出了要求，并制定了信息披露报告的模板。2018年6月，中国人民银行出台政策扩大中期借贷便利（MLF）的担保品范围，并将绿色债券纳入银行 MPA 考核评价指标体系。2018年7月，上海证券交易所发布了公司债券优化融资监管指南和持续融资监管指南，优化了发行绿色债券的流程，提高了办事效率。

3. 发展方向

中国绿色债券分类标准要进一步与国际接轨。中国人民银行发布的《绿色债券项目支持目录》和发改委的《绿色债券指引》明确了国内绿色债券标准。但中国人民银行和发改委确定的绿色债券标准，与国际标准存在较大差异，特别是在判断标准和评估程序等方面，差距明显。对此，2019年3月，发改委等六部委联合印发了《绿色产业指导目录》，以此为起点，我国绿色债券的分类标准要结合国情，尽快与国际标准接轨。

绿色债券发行主体结构需要进一步优化。整体来看，中国绿色债券发行的主体仍为大型商业银行，企业发行绿色债券尚未形成规模，开发潜力巨大。随着绿色发展理念成为社会主流，绿色经济快速发展，这一现象会得到缓解。

绿色债券产品创新仍需增强。首先要扩充内容，丰富现有绿色债券产品的发行形式，增加人们对绿色金融产品的认识。其次是要扩大外延，推动社会债券等绿色债券的发展，发挥其在社会平等和促进就业方面的作用。

关注金融机构海外绿债的发行。从需求侧来看，中国正在践行的生态文明建设扩大了绿色融资的需求。从供给侧来看，国际资本市场对绿色投资的需求上升。在供需两端的驱动下，金融机构境外发行绿债将迎来机遇期。我国应抓住机遇，进一步推动中国绿色债券市场的发展。

（三）绿色基金

1. 发展状况

绿色基金具有多样性的特点，能够满足不同绿色项目的融资需要，集合多种融资手段以降低绿色项目的融资成本和风险，是绿色项目融资的重要手段。中国绿色基金起步时间较晚，但在国家政策的大力支持下，绿色基金的发展势头迅猛。2011 年 2 月兴业银行成立了国内第一家绿色投资基金。之后，各地的绿色基金相继设立。截至 2017 年末，有 50 只绿色基金由地方政府主导或参与，250 只绿色基金由社会资本主导发起设立。2018 年，新增绿色基金数量出现了下降，新增基金数量为 178 只，同比下降40%。截至 2019 年 6 月，中国绿色产业引导基金共建立 33 个，经济发达地区的广东、江苏、浙江数量较多。新增基金数量减少的主要原因为相关金融监管文件出台，金融从严监管。绿色产业投资基金资金来源不断拓宽，截至 2020 年 6 月末，广州市政府投资基金实际到账 688. 43 亿元。贵安新区绿色基金实际到账 335. 37 亿元。

在中国，政府和社会资本合作（PPP）模式的基金逐步成为政府支持绿色发展的主要形式之一。中国各级政府积极发起绿色发展基金。湖北、河北和内蒙古等多个省份设立了绿色发展基金或环保基金，地级市也在通过建立绿色基金以带动绿色投融资的发展。中国 PPP 模式的绿色基金有以下几种表现形式。

一是地方财政专项资金和地方国企联合共同设立绿色发展基金。以贵州省工业及生疏国有企业绿色发展基金启动为例，政府和地方企业发起绿色基金项目以支持地方优质工业企业，建立滚动项目库和项目入库机制，能极大发挥服务企业、推动实体经济发展的作用。

二是国家补偿基金在设立地方绿色发展基金进行引导。

2011 年，随着首个跨省流域生态补偿机制试点在新安江流域的启动，黄山市设立了新安江绿色发展基金，重点向环境保护、生态治理、绿色产业、文化旅游等投放资金。省、市两级也在引导基金设立绿色股权投资。

三是省、市两级引导基金设立绿色股权投资基金。2019 年底，由省政府投资基金、宜兴市产业引导股权投资基金会同社会资本共同发起的垂泉绿色产业股权投资基金在江苏宜兴落户。垂泉绿色产业股权投资基金将发挥财政资金的杠杆作用和放大效应，吸引社会资本投向绿色产业。

四是大型央企投资绿色基金。2018 年，中油资本、华能国际电力开发公司、三项资本控股等国有资本共同投资中美绿色基金。央企资金的投入有助于共同探索中国绿色发展模式，充分发挥央企在产业、技术和资金方面的优势，使得绿色基金项目发挥最大活力。

除了政府介入，民间资本和国际组织也在参与设立绿色发展基金。目前，国内金融行业内有近二十家信托公司涉足产业基金业务。信托机构涉及领域包括基础设施产业领域，新能源、节能环保、医疗健康领域以及信息技术、高端制造等战略新兴领域的发展。信托公司加入绿色基金项目，能充分发挥其在资金募集和灵活多变的优势。

2. 政策演变

自 2010 年以来，国内出台多项政策支持绿色基金发展。2010 年 4 月和 10 月，国务院相继发布了《关于支持循环经济发展的投融资政策措施意见》和《国务院关于加快培育和发展战略性新兴产业的决定》，明确鼓励绿色股权投资基金的发展。随后，包括《"十二五"节能环保产业发展规划》和"十三五"规划在内的多个规划内容都将绿色基金作为发展绿色金融的重点任务之一。2016 年 8 月 22 日，《国家生态文明试验区（福建）》中明确提出支持绿色发展基金和市场化运作的发展。

2018 年 11 月，中国证券投资基金协会发布《绿色投资指引（试行）》，明确绿色投资的内涵和绿色投资的标准。同时间，中英绿色金融工作组在伦敦举行了第三次工作组会议，发布了《"一带一路"绿色投资原则》，重点关注项目投资的环境与社会风险，强化环境与社会风险管理，以推动"一带一路"绿色项目投资。

3. 发展前景

随着中国绿色金融市场的不断发展，绿色产业也在持续发展和推进。未来二十年，中国各种新型绿色产业将不断出现，这对绿色产业基金会产生强需求。

此外，环境治理和绿色发展目标的事业，也需要各种产业的综合配合。绿色区域 PPP 基金将作为一种特定的融资平台，对应具体的环境目标，组合产业链结构，从源头治理环境。发展和丰富 PPP 模式下的新形式将对中国绿色基金项目的壮大提供巨大动力。

（四）绿色保险

1. 发展概况

绿色保险是一种环境风险治理机制，保险公司通过事前干预和风险控制，使发生环境风险和污染损害事件概率降低。国内绿色保险以环境污染责任保险为主，包括气候保险在内的多个保险种类。2015—2017 年的数据显示，环责险风险保障总额呈温和增长态势。2015—2016 年，环境污染责任保险保费收入分别为 2.8 亿元、3 亿元，提供风险保障分别为 244.21 亿元、260 亿元；2017 年，环境污染责任保险为企业提供风险保障 306 亿元。截至 2019 年末，我国保险资金以债权投资计划形式进行绿色投资的总体注册规模达 6854.25 亿元①。

在气候保险方面，中国在 2018 年针对台风、降水、低温天气和台风降水量等多种指标设置了气候保险。例如，中国人寿财险公司在福建省设立天气指数类保险对接精准扶贫试点，先后设立了茶叶中制低温指数保险、水产养殖台风指数保险，理赔金额分别为 69.44 万元和 3160 万元②。此外，政府还提供了天气指数保险保费补贴。河南信阳地区的小龙虾养殖天气指数的政府负担比例为 80%，个人负担比例为 20%③。

2. 政策演变

2006 年，《关于保险业改革发展的若干意见》出台，开始重视发展环境责任保险。2013 年后，国内开始试点环境污染强制责任保险。2013 年 1 月，《关于开展环境污染强制责任保险试点工作的指导意见》出台，中国开始实行环境责任强制保险制度。2015 年，《生态环境损害赔偿改革试点方案》出台，明确从 2018 年开始试点生态环境损害赔偿制度。2016 年，选择部分省份开展试点工作。2017 年 6 月，中国颁布《环境污染强制责任保险管理办法（征求意见稿）》，作为环保部、保监会的部门规章形式实施。2018 年，中国在全国试行生态环境损害赔偿制度。同年 5 月，《环境污染强制责任保险管理办法（草案）》审议并通过，提出要提高环境风险监管、损害赔偿等工作成效。2018 年，各地相继出台配套措施，规范各项制度。

在气候保险方面，2007 年，中国保监会发布《关于做好保险业应对全球变暖引发极端天气气候时间有关事项的通知》，提

---

① 数据来源：《〈环境污染强制责任保险管理办法（草案）〉通过，环境污染责任保险覆盖面将扩大》，2018 年 5 月 9 日，搜狐网（https://www.sohu.com/a/230940099_201420）。

② 数据来源：《福建首单政策性农业气象巨灾指数保险花落寿宁》，2019 年 1 月 9 日，https://www.sohu.com/a/287744241_100253941。

③ 资料来源：《河南首单小龙虾养殖天气指数保险落户信阳罗山》，2019 年 3 月 20 日，http：//xw.sinoins.com/2019-03/20/content_286726.htm。

出"各个保险公司和保险当局要重视气候变化对我国经济社会发展带来的负面影响，要求发挥保险经济补偿、资金融通和社会管理功能，提高应对极端天气气候事件的能力"。2014 年 8 月，国务院在《关于加快发展现代保险服务业的若干意见》中要求"开展对天气指数保险等新兴产品和服务的探索"，并在 2016 年的"中央 1 号文件"的《关于落实发展新理念和加快农业现代化　实现全面小康目标的若干意见》中再次指出探索"天气指数保险试点"。

3. 发展方向

与巨大的环境风险相比，中国当前环责险的风险保障能力远远不足，主要表现为各地区发展不均以及数据信息缺失明显。为了有效化解环境风险，需要政府、市场和社会力量携手创建组合机制。要想做到这一点，政府需要继续重视环境综合管理的依法执行，积极探索制度创新，落实企业应该承担的污染治理的社会责任。同时，也要加快建立环责险的配套措施，为分散环境风险的市场机制的创建和运行创造良好环境。另外，也要继续解决环责险承保范围有限和赔付率低等长期存在的问题。

而中国天气指数保险存在保险覆盖面窄和保障力度不足的问题。由于目前开展的天气指数保险处于试点阶段，未能在全国范围推广，因此只有部分地区可以享有天气指数保险保护，覆盖面较窄，地区差异明显。另外，中国对于保险市场运营的相关标准、统计口径、监督要求尚未明确。针对以上问题，中国应加强气候保险相关的法律法规，完善保险行业的准入在规则、相关标准与监管体系，为气候保险的大范围推行做出保障。此外，政府也应对市场的建立和扩张给予相应的支持，对于灾害新型测量技术等气候保险相关基础技术的研发提供资金支持。在气候保险市场建立之后，明确政府与商业保险公司的角色分担，明确政府和市场的关系。中国也要设立专门的巨灾管理委员会来负责巨灾保险管理，完善再保险制度并发展巨灾风险基金模式。

（五）碳金融及其他环保市场

1. 发展概况

发展碳市场是我国应对全球气候变化和承担人类命运共同体责任的体现。2013 年，北京、天津、上海、重庆、湖北、广东及深圳开始启动碳排放权交易试点。2018 年，七个碳排放权交易试点二级市场累计成交碳配额现货接近 7748 万吨，较 2017 年交易总额增长约 14.96%；交易额为 16.41 亿元，较 2017 年增长约 28.95%①。北京绿色金融协会推出的碳指数在 2018 年交易的走势也相对平稳，显示 2018 年试点碳市场的配额价格趋稳。现如今中国的试点碳市场总共有京、津、沪、鄂、渝、粤、闽、川，以及深圳这几个地区。2019 年，这些试点地区，除了四川，其他地区的二级市场，通过线上线下的方式完成的碳配额交易量达到了 8666.8 万吨。交易规模最大的是广东市场，其交易量达到了 4538.4 万吨，占总数的 52%。排名第二的是深圳，1457.7 万吨，占 17%。湖北、北京、上海市场配额成交量接近，分别为 780.1 万吨、705.2 万吨、682.8 万吨，分别约占总成交量的 9%、8%、8%；福建、天津、重庆市场总成交量较小，分别为 340.5 万吨、113.1 万吨、48.9 万吨，共计占比 6% 左右。总体上看，2019 年各市场配额交易总量较 2018 年增长了 11%②。

目前各个试点碳排放权交易市场价格波动较大，各个试点碳市场之间年度成交均价也差异较大。2019 年度北京市场成交均价最高，达 83.2 元/吨，依次是上海 41.7 元/吨，湖北 29.5

①　资料来源：《"新金融大讲堂"蓝虹：中国和世界的绿色金融》，2019 年 6 月 14 日，经济观察网（http://www.eeo.com.cn/2019/0614/358617.shtml）。

②　资料来源：《绿色金融成为推动经济绿色发展的关键力量》，2020 年 9 月 14 日，新浪财经（https://finance.sina.com.cn/roll/2020-09-14/doc-iivhuipp4179762.shtml）。

元/吨，广东 19.0 元/吨，福建 16.9 元/吨，天津 14.0 元/吨，深圳 10.8 元/吨，重庆市场成交均价最低，为 6.9 元/吨①。

2. 政策演变

《巴黎协定》生效之后，中国主动承担社会责任，将降低碳排放的任务落实到位。2016 年，中共十八届三中、五中全会和《生态文明体制改革总体方案》对建立中国的碳排放权交易制度做出了相应部署。同年的 3 月中旬，国家颁布了《国民经济和社会发展第十三个五年规划纲要》，提出要"推进全国统一的碳排放交易市场建设，对重点单位实行碳排放申报、核查、认证和配额管理制度"。

2016 年，《关于构建绿色金融体系的指导意见》颁布，要求推动建立全国统一的碳排放交易市场和建设具有国际影响力的碳定价中心，有序发展种类齐全的碳金融产品和衍生品，研究碳排放权期货交易。

2016 年 11 月，国务院发布《"十三五"控制温室气体排放工作方案》，对碳排放权交易市场的建立、运行和基础支撑的意见做了部署。2017 年 12 月，国家发改委印发了《全国碳排放权交易市场建设方案（发电行业）》，明确全国碳市场将分三个阶段进行稳步推进。方案与《碳排放权交易管理条例》《企业碳排放报告管理办法》《第三方核查机构管理方法》《碳排放权市场交易管理办法》以及相关实施细则共同构成了全国碳排放交易体系的法规基础。

2021 年 1 月 6 日，《碳排放权交易管理办法（试行）》的颁布，明确了碳排放配额的分配标准，并把重点排放单位名单一一列举出来。这意味着在 2021 年之后，中国碳市场中发电行业

---

① 数据来源：《试点碳市场 2018、2019 年度成交均价》，2020 年 2 月 29 日，碳排放交易（http：//www. tanpaifang. com/tanzhibiao/202002/2968497. html）。

第一个履约周期正式启动，2225 家发电企业将加入碳市场，获得碳排放配额。

3. 展望

国内供给侧改革进入深水区，钢铁、煤炭等产业的"去产能"进程自进入平稳期之后，节能减排空间更加有限，碳市场容量增长放缓，碳市场有着配额过剩的风险。同时，在环保高压下，绿色行业的边际产出递减，亟须进行新的技术积累和基本积累。全国碳市场需要注意防范配额大幅低于预期的风险，做好预案方案，稳步推进碳市场建设。碳市场也要结合当地实际，做好配额预算，提早应对市场风险。而为了避免地方政府举债约束加紧的影响，国有企业要加强与环保类上市公司的合作，提供资金，帮助公司摆脱困境。

五 国内绿色金融地方试点及典型案例

（一）新疆

1. 发展概况

2017 年，中国人民银行等七部委发布《新疆维吾尔自治区哈密市、昌吉州和克拉玛依市建设绿色金融改革创新试验区总体方案》（以下简称《方案》），新疆维吾尔自治区哈密市、昌吉州和克拉玛依市三地被列为全国首批绿色金融创新试点区域。《方案》不仅开启了新疆绿色金融体系建设的征程，也实现了新疆在金融领域国家试验区"零的突破"。同年，新疆出台了《关于自治区构建绿色金融体系的实施意见》《新疆维吾尔自治区哈密市、昌吉州和克拉玛依市建设绿色金融改革创新试验区实施细则（暂行）》，提出了"一个核心""双轮驱动""三大布局"的总体框架。2018 年，为了大力推动重点建设的相关目标能够贯彻落实，新疆维吾尔自治区人民政府发布了《自治区绿色金融改革创新试验区 2018 年工作要点》，以促进绿色金融的发展和传统行业的调整，除此之外，还总结了自治区级试验区的短期建设进展。同时，新疆组织开展了确保自治区绿色金融改革启动会、自治区绿金工作领导小组2018年第一次会议、2018年绿色金融现场会等一系列重要活动，启动绿色金融发展，逐步有序部署推动绿色金融发展有关工作。

为了通过加强行业自律管理，新疆建立国内首个绿色金融同业自律机制，推动绿色金融市场规范建设，加强行业监督管理。随着《新疆维吾尔自治区绿色金融同业自律机制工作指引（暂行）》和《新疆维吾尔自治区绿色金融同业自律机制公约（暂行）》的发布，试验区从分步骤和分阶段地对建立自治区绿色金融同业自律机制进行探索。同时，为了保障绿色金融政策的落地，新疆发布了《新疆银行业存款类金融机构（法人）绿色信贷业机评价实施细则（试行）》，建立绿色信贷业务评估的指标体系。

为了建立统一和可量化的绿色项目标准，新疆在2018年1月成立了全国首个试验区内的绿色项目库。项目库实施专人负责，持续跟踪和动态调整。截至2019年1月，378个纯绿项目被纳入库，总投资2106.59亿元，融资需求1570.1亿元。

新疆加强与企业、智库和其他绿色金融组织对接和交流，并积极搭建实验区绿色金融交流平台。2020年6月，新疆维吾尔自治区昌吉州召开推进项目建设银政企对接会，10家银行与25家企业签约项目29个，签约金额146.53亿元[1]。绿金办还对接中国金融血会绿色金融专业等环境权益交易平台以及联合赤道评价有限公司等中介服务机构，组织了在北京、雄安和湖州等地的绿色金融合作座谈会，与中国投资协会绿色发展中心签署合作协议，共同搭建试验区绿色金融的研究平台。此外，新

---

[1] 资料来源：《新疆昌吉州：绿色金融与绿色产业协调发展》，2020年7月23日，人民网（http：//xj. people. com. cn/GB/n2/2020/0723/c394722 - 34179114. html）。

疆维吾尔自治区成立了金融学会绿色金融专业委员会，建立金融机构、高校、研究院所、企业等会员单位66所，为推动绿色发展提供智力支持。

通过出台各项政策措施，推动绿色金融发展，新疆绿色金融成效斐然。截至2018年，试验区共有绿色专营机构45家，其中有10家绿色支行，28家绿色事业部和7家绿色柜台。截至2018年12月末，全疆累计办理绿色票据再贴现1.54亿元；发放8.4亿元再贷款定向支持优质绿色产业。截至2019年底，试验区全疆绿色贷款余额2164.3亿元，占全部贷款余额的10.5%。在绿色债券方面，昆仑银行在2017年和2018年共成功发行了5亿元绿色金融债；乌鲁木齐城市交通投资有限公司发行新疆首只绿色公司债，发行额度为15亿元，发行利率为6.6%，为同期同类债券的最低市场价格。试验区的绿色保险也加速推进，在昌吉州总共有14家企业参与了环境污染责任保险，涉及的保费达到了120万元，可以获得的赔付金额达到了8800万元。在哈密地区，有三家保险公司以债务计划和项目资产支持计划的形式投资65.3亿元，支持"西电东送"等重点项目建设。

2. 主要工作亮点

新疆的绿色金融试验区，在建设之初出现了比较大的难点问题，实施"产业链+供应链+价值链+资金链+诚信链+监管链"的"六链"推进思路和管理机制，并制定印发试验区建设发展考核评价办法，按季跟进重点任务进度。

新疆按照已出台的《新疆维吾尔自治区哈密市、昌吉州和克拉玛依市绿色金融改革创新试验区建设发展考核评价办法（试行）》，在构建一个全面、公正、科学的评价体系上做出实践。绿色金融测度指标主要由定量指标和定性指标共同构成。定量指标分为绿色信贷、股票等类型的二级指标；定性指标分为外部基础、工作反馈和其他情况的二级指标。该指标体系包含了多样化的绿色信贷等金融工具，还将各省份的投资情况考虑在内，并加入了其他部门的工作反馈，能够全面地对绿色金融工作进行考核，并反映各地绿色金融工作的开展进程。《考核评价办法》在结合实际情况破解绿色企业融资"瓶颈"的方面为其他试验区提供了良好示范。

（二）贵州

1. 发展概况

2017年6月，贵安新区成为试验区。为了贯彻落实"精心规划和打造"的要求，贵州省在7月份成立了绿色金融创新发展工作领导小组、绿色金融创新发展工作专班和绿色金融改革创新试验区工作专班。同时期，贵州省发布了《贵州省关于支持贵安新区绿色金融发展的实施意见》等文件，为绿色金融业务的开展提供政策支持。

为了建立多层次绿色金融组织机构体系，2018年6月，贵州银监局牵头，推动相关地方法人机构设立绿色金融事业部、支行，加大支持地方生态环境建设和绿色产业发展的力度。贵州银监会出台《绿色信贷评价实施办法》，为试验区的信贷提供相应的评价标准。

贵州省全力发展和完善绿色金融产品和服务方式的创新形式。2017年12月，贵州省财政厅和省发展改革委制定贵州绿色发展基金设立方案，贵安新区管委会制定贵安新区绿色PPP基金或绿色产业基金设立方案，设定了产业基金的组织形式、政府参与形式和退出机制。2018年6月，省环境保护厅等出台《推进传统金融工具绿色化转型的指导意见》，综合运用多种金融工具，重点支持环境污染的联防联治。

贵州积极创新企业融资渠道，引导绿色企业发行绿色债券，在2017年12月成立了绿色发债项目库。同时期，省政府金融办、贵州证监局牵头制定贵安新区绿色企业尚是培育和辅导方案，茅台集团和贵安金融投资公司牵头制定贵安绿色证券公司设立方案，重点培育一批优质绿色企业，充分利用资本市场平台拓宽融资渠道。2018年6月，贵州银行和贵阳银行加快发行绿色金融债，支持金融机构发行绿色金融债券。

在绿色保险方面，2017年12月，贵州保监会和贵安新区管委会制定贵州绿色保险机构设立方案，贵州保监局牵头制定贵安新区绿色保险创新工作实施方案，大力支持贵州绿色保险机构，强化贵州省绿色产业风险抵御能力和全面深化环责险试点工作。省财政厅和贵安新区管委会制定绿色项目风险补偿基金等方案，减少项目产生的风险，避免投资者和企业的经济损失。

除此之外，为了夯实绿色金融基础，2017年12月贵安新区管委会建立绿色企业（项目）库。2018年6月，省金融办牵头建立信用信息共享机制，纳入贵州金融云平台建设，充分利用试验区大数据的技术优势，加强信用信息共享。2018年6月，贵州银监局等机构共同出台了《贵州贵安新区绿色金融评价指标方案》，为科学设计金融评价指标、开展绿色企业征信、绿色信贷业务审批、投向监测和绩效评估等提供支持。

贵州还构建了绿色金融风险防范化解机制。2018年6月，贵州银监局、贵州证监局、贵州保监局制定了《绿色金融风险检测和评估办法》，为建立健全绿色金融市场的约束机制提供支持。贵州银监局等机构还制定了《贵州贵安新区绿色金融风险预警工作方案》，完善了沟通互动制度和责任追究机制，为积极稳妥地做好风险化解和处置工作做出指导。

贵州还相继出台了《绿色企业和典型下绿色项目授信指引》、《降低绿色债券发行和管理成本的措施》和《关于支持贵安新区建设绿色金融改革创新试验区的若干意见》等，不断加大对绿色金融发展的政策支持力度。

在政策的大力支持下，贵安新区的绿色项目、绿色债券、绿色信贷、绿色金融股权融资、绿色基金和碳市场稳步发展。截至 2019 年底，贵安新区绿色贷款余额达到 168.2 亿元，主要支持试验区经济环境影响显著的优质绿色项目，绿色贷款不良率为 0.23%；绿色保险保费增加，贵安新区保费总收入达 3907万元，总保险金额达 647636.1 万元；2019 年初，贵安新区多个绿色金融项目赴香港参加绿色债券发行主题活动，对接资金超过 200 亿元。[①] 2017 年，贵安新区设立总规模 30 亿元的贵安新区二期新兴产业发展基金，为绿色产业助力[②]。截至目前，新区内股权融资额达到 56.12 亿元，企业挂牌数达到 19 家，累计发行私募可转换债券融资额达到 29.64 亿元，试验区企业通过上市融资 20.80 亿元，存量融资额达到 10.41 亿元。在绿色基金方面，贵安新区设立了包括总规模 100 亿元的贵安新区健康医疗绿色产业基金在内的 20 只绿色基金，总规模达到 20 亿元，实际到账金额为 63.4564 亿元。截至 2019 年 4 月底，贵安新区发行私募基金 30 只，管理基金规模达到 268.05 亿元。而在碳排放交易权方面，贵州省由邮政储蓄银行贵安支行作为结算行，在全省开展了单株碳汇精准扶贫，已累计有 854 户贫困户售出碳汇 1859750 千克，金额共计 557916 元[③]。

2. 主要亮点工作

贵安新区绿色金融体制机制创新主要体现在绿色金融管理委员会的成立和绿色金融标准的创新上。贵安新区绿色金融管理委员会是根据美国环境金融中心职能体系设计的新型绿色金

---

① 资料来源：《贵安蹚出绿色金融改革创新发展新路》，2020 年 8 月 21 日，贵阳网（http://www.gywb.cn/system/2020/08/21/030663463.shtml）。

② 资料来源：《贵安新区成立 30 亿元二期新兴产业发展基金》，2017 年 8 月 4 日，http://news.cnstock.com/news，yw－201708－4112210.htm。

③ 马中、周月秋：《中国绿色金融发展报告（2019）》，中国金融出版社 2019 年版。

融专业机构，是我国政府部门唯一成立的绿色金融专业机构和技术团队。在确保自上而下推进绿色金融和绿色金融激励政策方面，建立由政府监管和派出的绿色金融专业机构和团队非常重要。贵安新区借鉴美国环境金融中心模式，成立了贵安新区绿色金融管理委员会，下设科技创新部、绿色项目部、金融机构对接部等部门，科技创新部负责绿色金融的规范与维护，绿色金融创新融资工具的设计等；绿色项目部主要负责绿色项目的选择与评价、项目的绿色设计、绿色金融项目库的管理以及各项绿色金融激励政策的实施；金融机构对接部主要负责与金融机构对接绿色项目、拓展绿色金融市场、引进绿色金融机构、绿色金融培训等。

贵安新区创新地采用"指标评定法"和"环境效益综合核算法"相结合的方法，同时引入国际通行绿色金融标准。《贵州省绿色金融支持的重大绿色项目评估办法（试行）》（以下简称《评估办法》）的制定，是以《绿色产业指导目录（2019年版）》为基础，将具备对生态环境保护具有重大意义、绿色金融创新具有可复制和推广价值等特点的项目列为重大绿色项目。《评估办法》创新性地采用"指标评定法"和"环境效益综合核算法"相结合的方法学，不但明确了绿色和非绿色的边界，还确定了浅绿和深绿的评估办法，量化了绿色的评定标准，形成了客观公正和具有可操作性的标准体系，拓宽了绿色资金的投资范围和提高了绿色金融项目的落地效率。此外，《评估办法》还选取了高于国内标准的国际标准，形成了具有贵州特色的绿色金融标准体系，以更好地吸引国内外资金。引入国际标准，使得绿色金融项目能获得国际资金的认可，增强了绿色融资落地的可能性。

贵安新区绿色金融的发展具有广泛适应性。由于贵安新区是欠发达的试验区，其创新性道路非常具有代表性，为中国其他生态环境资源充足但现代工业系统较为落后的地区提供了可借鉴和可复制的绿色产业发展和绿色金融发展道路。

（三）江西

1. 发展概况

2017 年 6 月，中国人民银行等七部委联合批复《江西省赣江新区建设绿色金融改革创新试验区总体方案》，赣江新区的试点区域建设正式启动。8 月，《江西银监局关于印发绿色信贷工作考核评价及差别化监管暂行办法的通知》出台，提出实施绿色金融差别监管，加强对银行业机构绿色信贷工作考评。2018 年，江西省先后出台了《江西省"十三五"建设绿色金融体系规划》等文件，强调要有效提升绿色金融服务的覆盖率、可得性和满意度，探索形成支持实体经济绿色发展的可复制可推广经验，助力江西生态文明试验区建设。2018 年 4 月，《赣江新区环境污染责任保险试点工作方案》出台。在方案中明确了 8 家企业为首批环境污染责任保险试点企业；同年 12 月，确定了 25 家企业成为第二批环境污染责任保险试点企业，在试验区推进环境污染责任保险"承保机构、参保企业、承保模式"三个全面放开。2018 年 9 月，赣江新区首次发布绿色项目库，为解决绿色项目"泛绿""洗绿"问题和为绿色项目投融资、建立激励奖惩机制、考核绿色发展提供了重要依据。2019 年 1 月，赣江新区发布《绿色金融标准体系》，确定了"绿色企业认定评价办法""绿色项目认定评价办法"和"企业环境信息披露指引"三项办法，并搭建了"政银企"对接平台，为提高绿色金融认定标准和提高绿色项目落地效率提供指引，为绿色企业和绿色项目"精准画像"。2019 年 11 月，赣江绿色金融研究院成立，为发挥多方优势共同探索绿色金融发展模式和促进生态文明建设推动经济可持续发展提供智库支持。2020 年 1 月，江西省金融监管局和江西联合股权交易中心共同搭建的"绿色企业信息平台（一期）"正式运行，缓解了绿色金融发展面临的信息不对称、绿色环境信息披露分散等问题。

在政策的支持下，2018 年，赣江新区绿色支行成立，这是该地区首批绿色支行。截至 2019 年底，这 7 家绿色支行的绿色信贷余额占其全部信贷余额的比例均值为 78.07%，绿色信贷授信的客户占总项目的比例均值为 74.06%，从这些数值均超过了监管标准的 60%[①]。江苏省银行保险机构在南昌、抚州、赣江新区设立绿色金融事业部门总共有两家，绿色保险创新实验机构为两家。2017—2019 年，江西省创新推出绿色信贷等产品达到了四十几种，而且绿色保险的相关产品的数量也达到了二十几种。在三家城商行中，因为资金的成本较低，总共发布的绿色金融债的数量达到了 150 亿元。2019 年末，江苏地区的节能环保等战略产业的贷款余额达到了 1483 亿元，增长的金额达到了 319 亿元，增长率达到了 27.41%。和其他类型的贷款相比，增长了 10.58%，并且这部分资金用在绿色交通运输等项目之中。赣江新区的绿色债券的发行规模达到 158 亿元，绿色债券占总债券发行的比例达到 81.44%。截至 2020 年 4 月，江西省绿色产业项目库入库项目达到 1559 个，总投资额突破 1 万亿元。

2. 主要亮点工作

江西省在金融创新上采取了一系列举措。一是打造基金特色小镇。截至 2020 年 8 月，江西省 64 个省级特色小镇新建和改扩建产业项目总投资约 507 亿元，逐渐成为推动江西省传统产业"老树发新芽"和新兴产业"小树快长大"的重要引擎，为江西高质量跨越式发展提供了重要的动力支持，是绿色金融发展的重要支持力量之一。二是推动绿色保险产品试点。赣江新

---

① 数据来源：《〈银行业保险业支持江西生态文明建设情况报告〉发布，江西省绿色信贷余额 2372 亿元同比增长 21.6%，高于各项贷款平均增速》，2020 年 5 月 28 日，人民网（ht-tp://jx. people. com. cn/n2/2020/0528/c186330 – 34047053. html）。

区 33 家环境污染责任保险试点企业获得政府 80%—90% 的保费补贴，首创了江西省内的保险承担方式。三是加强绿色金融产品研究。2018 年，赣江新区和共青农商银行合力推出"畜禽洁养贷"专项金融产品，首创了畜禽养殖经营权抵押金融支持模式，解决了畜禽养殖环保项目投入大、周期长、缺少抵押物等融资难题，有助于减少农村面源污染。2019 年 2 月，《赣江新区建筑工程绿色综合保险试点工作方案》正式颁布，方案中设置了五个项目的试点，涉及总金额达到了 66 亿元，此项目由恒邦财险牵头承保。建筑工程绿色综合保险作为赣江新区建筑业保险业的重大创新尝试，具有保险覆盖面广、成本相对较低、手续简单等优点。2019 年 6 月，江西省财政厅、地方金融监管局和中国人民银行南昌中心支行在上海证券交易所发行了赣江新区绿色市政专项债券（一期），发行额达到 3 亿元，信用评级 AAA，是全国首单绿色市政专项债。赣江新区的绿色市政专项债和"畜禽洁养贷"已被列入国家生态文明试验区经验做法的推广清单，赣江新区在绿色金融产品创新上走出一条可复制的道路。

（四）浙江

1. 发展概况

浙江湖州市在 2015 年就提出发展绿色金融的设想。在中国人民银行湖州市中心支行的牵头下，湖州市在全国率先启动绿色金融创新试验区创建和先行先试工作，并成为全国首个向国务院提交试验区创建总体方案的城市。在国务院印发《浙江省湖州市、衢州市建设绿色金融改革创新试验区总体方案》、确定浙江省作为绿色金融改革创新试点之前，浙江省就在全省大力推动绿色金融创新发展，并取得一系列成效：截至 2017 年 6 月，浙江省的绿色信贷余额就达到了 7443 亿元，在全省各项贷款中占比超过 9%；衢州市设立了绿色产业引导基金，首期规模达到 10 亿元；衢州市作为"安环险"试点，在首批试点的 71 家企业中保障超过 100 亿元；龙游县率先将保险机制引入生猪无害化处理工作中，并推广至全省 46 个主要畜牧县。2017 年 6 月，国务院印发了《浙江省湖州市、衢州市建设绿色金融改革创新试验区总体方案》（以下简称《总体方案》），开始大力探索推进浙江绿色金融发展。2018 年初，浙江省推进绿色金融改革创新试验区建设领导小组办公室印发《推进湖州市、衢州市绿色金融改革创新试验区建设行动计划》，明确了未来 5 年的工作任务、主要目标和责任单位，并配套制定了绿色项目清单、财政政策清单以及金融产品和服务清单，多措并举，精准务实，全面推进湖州市、衢州市绿色金融改革创新试验区建设。

湖州市根据《总体方案》，2017 年 11 月，颁布《关于湖州市建设国家绿色金融改革创新试验区的若干意见》，推出"25 条"政策，从资金规模、项目安排、资金来源、实施落实和政策空间方面做出指导。2018 年 8 月，湖州市人民政府出台《湖州市人民政府办公室关于湖州市开展绿色金融投贷联动业务试点的实施意见》，提出重点扶持绿色类、科技类、人才类等初创型、成长型企业开展投贷联动业务，拓宽了企业的融资渠道，是湖州绿色金改的重要举措。2018 年 9 月，湖州市绿金办制定《湖州市建设国家绿色金融改革创新试验区若干意见操作办法（试行）》，对符合标准的绿色银行、绿色金融机构、绿色项目和绿色金融高端人才进行补助或奖励。2019 年 6 月，湖州市金融办发布了《湖州市绿色小额贷款保证保险（"绿贷险"）试点实施方案》，提出市政府每年在绿色金融改革创新试验区建设专项资金中安排 5000 万元，用于支持绿贷险试点工作。2020 年 3 月，住房和城乡建设部、中国人民银行、中国银保监会等三部委日前联合发文，湖州市正式获批成为全国首个绿色建筑和绿色金融协同发展试点城市。湖州市将最大限度地发挥出绿色建筑和绿色金融"1 + 1 > 2"的试点改革效果，全力以赴成为引领全国绿色建筑发展的标杆城市。在政策的支持下，2017 年至2020 年，湖州市全市绿色贷款年均增长 31.3% ，比全部贷款增速高出 9.8 个百分点，和国内的绿色贷款相比，其每年的增速要高很多，增长速度超过了 11.3% 。2020 年中，绿色贷款已经实现了零风险，贷款不良率相比 2016 年，从 1.26% 降到了0.47% 。湖州市连续两年被《亚洲货币》评为国内的最佳绿色金融创新区域，在长三角"40 + 1"城市群绿色金融竞争力排名中，湖州市连续两年排在首位。

　　衢州市也在积极落实和发展绿色金融。2018 年，衢州市出台了《关于推进绿色金融改革创新试验区建设的实施意见》和《衢州市人民政府关于加快推进国家绿色金融改革创新试验区建设的若干政策意见（试行）》，建立绿色金融专项资金，充分运用奖励、补助、补偿等手段调动金融机构建设试验区的积极性和主观能动性，并在财政资金竞争性存放文件中提高绿色金融的权重。衢州颁布了《2018 年衢州市绿色金融改革创新试验区建设重点工作实施清单的通知》，通过领头单位共同完成其职责、任务。同时期，《衢州市绿色信贷工作指导意见》等颁布，帮助当地的金融机构等主体明确绿色发展的方向，《绿色金融产品评价标准》也确定了相应的发展思想，为金融机构和经营主体指明了绿色发展道路和规则。2019 年，由复旦大学等单位共同颁布《长三角"40 + 1"城市群绿色金融发展竞争力研究（2019）》，在此报告之中明确提出，衢州名列长三角城市群绿色金融发展竞争力评级结果的第一；2019 年，在央行评定并向全国推广的绿色金融改革典型案例中，"衢州案例"占比位列全国第一。截至2020 年 6 月，衢州已经推出无还本续贷、"金屋顶"光伏贷、活体畜禽抵押贷、排污权质押贷等绿色信贷产品 167 个，发放贷款金额总计 269.68 亿元，贷款金额提升了 145.72% ，涉及的企业数量达到 20048 户，帮助企业减少转贷成本 2.29 亿元。衢州市也在全国首创融金融属性、公益属性、共享属性于一体的银行"个人碳账户"体系。截至目前，衢州市农信系统 6 家农商行开立个人碳账户 196.16 万户，个人客户通过绿色支付、绿色出行等方式减少碳排放量达 10.67 万吨[①]。

2. 主要工作亮点

湖州市坚持"既要面子也要里子，既要牌子也要方子"，不断完善绿色金融的改革任务。一是在绿色金融改革试点路径上进行科学谋划。湖州市推出了财政、货币等政策内容，制定了建设服务试验区相应指导意见，一共 18 条司法意见，最大限度发挥财政资金的激励作用和为相关工作提供司法保障。除此之外，湖州试验区还设立了绿色金融专家咨询服务，和清华大学等建立合作，开展绿色金融理论和绿色金融模式的创新研究。二是推动绿色金融与产业融合。湖州率先打造了绿色金融综合服务平台，通过搭建和运行"绿贷通""绿融通""绿信通"三大服务系统，为小微企业提供银行贷款、股权融资和绿色评价等金融服务。三是深化绿色金融产品服务方式创新。例如，湖州银行设计了"园区贷"，不仅有助于五星区沙溪城园区实现能源供应和污染排放的统一治理，也促进了传统小微企业的集聚和转型发展。湖州市开创了环责险"湖州模式"，即推广环责险的"保险 + 服务 + 监管 + 信贷"新模式。该模式将保险机制纳入环境风险防控与日常监管体系，第三方评估机构对投保企业进行事前和事中的环境体检和风险评估，保险公司会将企业的风险等级和保费之间建立联系，环保部门可以按照企业的参保情况，针对实际的落实整改情况进行监管。对于银行机构，采

---

① 数据来源：《衢州：创新绿色金融改革　打造四省边际绿色金融"桥头堡"》，2020 年 9 月 5 日，德州传媒网（https://www.qz123.com/html/897/20200905/news_show_278527.html）。

取差别化的金融服务措施。2019 年，湖州市环责险基本实现了全市各县区全覆盖，保险公司完成体检 102 家，签单 47 家，提供保额 8180 万元，保费收入 161.81 万元。

衢州市秉持"绿色＋特色理念"，并且按照标准、产品等要素完成绿色金融改革工作专班的设置，在绿色金融的"导向、引擎、路径、支撑、工具"等五方面率先大胆改革，全面优化营商环境，助力企业高质量发展。一是创新导向，以绿色信贷为主，促进企业创新发展。针对衢州特色，完善绿色信贷体系建设，强化绿色融资担保。衢州市打造了"衢融通"，是集市场主体信用信息收集、绿色标识、银企融资对接、担保融资、一证办、政府扶持、网格化数据分析系统和预警系统等功能于一体，具有衢州特色的金融服务信用信息共享平台，具有绿色识别评价和培育、可视化统计分析等综合特色功能，打通了绿色信贷通道。二是创新引擎，以绿色债券驱动绿色产业高质量发展。衢州市推动泰隆银行发行小微绿色金融债，金额达到了 15 亿元，筹集的资金主要投放在绿色项目，可实现 41 万吨/年的工业固废处置量、100 万吨/年的工业废气处置量、390 万吨的资源回收量。三是创新路径，以绿色保险促动社会治理高质量提升。衢州在全国首创安全生产和环境污染综合责任保险和优化用电营商环境责任险试点，深化政保合作，在多领域推广绿色保险，提升社会治理水平。四是创新支撑，以绿色服务推动生态文明高质量建设。衢州作为首批全省"智慧支付"试点市（仅嘉兴、衢州），大力推进银联闪付、条码支付、无感支付等绿色支付方式；温州银行创新推出"温享贷"，实现线上全自动化服务，做到"一次不用跑"。五是创新工具，以绿色期权转动乡村振兴高质量推进。衢州探索创新了"一村万树"绿色期权，由投资主体对"一村万树"进行天使投资，形成社会力量购买林木未来收益、村集体小循环现金增收、乡村振兴赢取绿色资本的共享模式，切实打通

"一村万树"的资源、资产和资金渠道。此外，衢州还推出了安全环保保险，首次将安全生产与环境污染保护有机结合，包括安全生产、环境污染、危险化学品运输三项保险责任。企业可以根据实际业务过程中的不同风险进行组合，实现化工产品的全生命周期管理，开创了安环险"衢州模式"。

六　国内绿色金融的国际合作

（一）G20

2015 年 12 月，在中国的倡导下，G20 绿色金融研究小组正式成立，在全球视角下开始探究如何发挥绿色金融在加快全球经济转型升级的作用，并探讨如何促进绿色金融的全球化合作。2016 年 9 月，G20 峰会在杭州举行，在中国的倡议下，G20 财长和央行行长正式将发展绿色金融的倡议写进公报。在此次 G20 峰会期间，中国与英国共同构建 G20 绿色金融研究小组，并且联合提交《G20 绿色金融综合报告》，提出了可供 G20 和各国政府资助考虑的可选措施，包括提供战略性政策信号与框架、推广绿色金融自愿原则、扩大能力建设学习网络、支持本币绿色债券市场发展、开展国际合作并推动跨境绿色债券投资、推动环境与金融风险问题的交流和完善对绿色金融活动及其影响的测度。中国首次将绿色金融作为 G20 峰会重点议题具有重要的历史意义，既体现了中国积极主动参与全球治理的坚实一步，也是我国推进供给侧改革的具体体现。

2017 年，德国作为 G20 轮值主席国决定延续绿色金融议题。2017 年 7 月，在德国 G20 峰会中发布了《2017 年 G20 绿色金融综合报告》。报告中强调了环境风险分线在金融业中的应用，以及公共环境数据开展金融风险分析和支持决策。2018 年，在阿根廷 G20 峰会上，绿色金融研究小组提交的《2018 年 G20 绿色金融综合报告》再次被写入会议宣言。在《2018 年 G20 绿色金融综合报告》，研究小组聚焦三个议题，分别是为资本市场创造可持续的资产，发展可持续的 PE/VC，探索数字技术在可持续金融中的应用。这是自 2016 年成立 G20 绿色金融研究小组以来，绿色金融议题第三次写入领导人峰会成果文件中。

2018 年 1 月，《全球旗手：中国绿色金融发展评估》提到，中国开始成为全世界绿色金融发展的重要引导者，在全球绿色金融的大迈进上做出了突出贡献。

（二）NGFS

2017 年巴黎全球峰会上，包括法国、中国、英国、荷兰、墨西哥、新加坡等在内的八个国家的央行、金融监管机构共同建设了 NGFS，使中国能够在国际绿色金融方面不断掌握话语权，甚至已经起到了引导作用。NGFS 旨在加强全球落实巴黎协定的意识、在可持续发展框架下加强财政系统在防控风险的作用以及促进资本在低碳和绿色领域的流动。截至 2020 年 9 月 18 日，NGFS 扩大至五大洲的 73 个成员。目前，NGFS 下设了五个工作组，即微观监管工作组、宏观金融工作组、绿色金融工作组、填补数据缺口工作组以及调查研究工作组，分别由新加坡金融管理局、英格兰银行、德国中央银行、欧洲中央银行和国际货币基金以及中国人民银行的成员主持。

2018 年 10 月，NGFS 发布第一阶段报告。报告提出气候风险将对金融安全造成威胁。为了抵御气候风险，政府和金融机构需要创新监管和分析手段。2019 年 4 月，NGFC 发布了首份综合报告。首份综合报告在第一阶段报告的基础上，详细说明了气候变化已经成为金融风险的来源，会对金融体系稳定造成影响，并且，这种影响具有范围广、可预见、不可逆和短期路径依赖的特点。为了应对威胁，报告提出六点建议：一是将气候风险纳入金融稳定监测和微观监管；二是在投资管理纳入可持续发展因素；三是将数据的缺失补充完整；四是提高风险意识水平；五是按照统一的国际标准进行有效的气候和环境信息披露；六是明确绿色金融、经济活动类别的划分标准。

2019 年 10 月，NGFS 发布了《针对中央银行投资组合管理的可持续和负责任呢度投资指南》，指出中央银行采用可持续和负责人的投资（SRI）的重要性，并说明中央银行采用 SRI 在宣传 SRI 的有效性、缓解 ESG① 风险上有着重要意义。该指南是首个为中央银行使用 SRI 提供操作方法的指南。2020 年 5 月，NG-FS 推出了《监管者指南：将与气候相关的环境风险纳入审慎监管》，提出了三点建议：一是监管者需要了解气候与环境风险如何传导到经济和金融部门以及明白这些风险会对被监管的机构产生何种影响；二是设计明确的策略、建立内设机构和分配资源以解决气候和环境风险；三是识别易受气候和环境风险影响的受监管实体，并评估风险下的潜在损失。2020 年 6 月，《为中央银行和监管机构的提出 NGFS 气候情景》提出了"NGFS 气候场景"的概念，即探索气候变化和气候政策的影响并提出相应的参考框架。6 月，NGFS 还相继出台了《气候变化和货币政策：要点》和《气候变化对宏观经济和金融稳定的影响：研究重点》，论述了气候风险对货币政策、宏观经济和金融稳定可能形成的影响。2020 年 9 月，由中国人民银行行长特别顾问马骏主编的《金融机构环境风险分析综述》正式发布。综述中提出环境风险分析在推广中遇到的问题，包括金融业尚未充分了解环境风险和意识到其与金融风险的相关性、评估环境风险的数据和方法普遍缺失、金融机构对环境风险分析的投入和能力不足、环境风险分析的应用十分有限以及环境风险分析方法不完善等问题。

---

① ESG：Environment，Social and Governance，是一种关注企业环境、社会和治理绩效的投资理念。

专栏 3—2 ESG 助力绿色金融发展

在 20 世纪 90 年代初，联合国环境规划署金融倡议（UNEP FI）提出金融机构要将环境、社会、公司治理（Environment，Social and Governance，ESG）等因素融入决策环节，同时要求企业在经营管理过程中注重经济与环境、社会、治理之间的平衡发展，实现可持续发展目标。

从投资者角度来看，全球可持续发展理念的主流化、应对气候变化和绿色金融在全球范围内被纳入金融政策框架、中长期资金投资避险的需求，以及 ESG 表现良好的上市公司收益更加稳健的大量实证等因素，推动中长期投资对 ESG 投资重视程度不断提升。ESG 投资正加速成为主流。根据全球可持续投资联盟（GSIA）的数据，欧洲已有近半资管市场采纳 ESG 投资，美国也有约四分之一资管市场采纳 ESG 投资。施罗德集团（Schroder Group）2019 年全球投资者研究结果显示，全球 60% 的投资者会将可持续性因素纳入投资决策，他们认为选择可持续投资产品有助于世界的可持续发展；64% 的投资者认为气候变化会对自己的投资产生显著的影响。全球 75% 的投资者认为在未来五年，ESG 在投资决策中将发挥更加重要的作用。目前，将 ESG 纳入投资决策、负面排除法两种可持续投资策略应用最广，对应的资产规模居于各类可持续投资的前列。国际上，Vanguard、荷宝等 ESG 领先投资机构已经形成明确的操作流程。

　　从 ESG 评价体系来看，为迎合投资者的可持续发展理念及投资行为，金融市场上相关评分等应运而生。国际上已经建立了以 MSCI、道琼斯、汤森路透（Thomson Reuters）、富时罗素（FTSE Russell）等为代表的 ESG 评估方法学以及应用。ESG 评价指标体系是 ESG 核心价值的具体体现，也是 ESG 投资的基础。这些机构将评级的指标分别划入 E、S、G 三个方面，但底层指标设计上各有不同。计算方法上，以加权平均为主，根据各自方法学赋予一定的指标权重，并按照行业情况对权重进行调整。

　　从 ESG 纳入信用风险分析进展来看，传统的企业融资风险评价较多考虑财务因素，较少考虑环境、社会、公司治理等非财务因素，造成对企业风险状况和可持续发展能力缺乏全面衡量，这是传统企业融资风险评价方法的致命缺陷。ESG 非财务风险评估方面，单个 ESG 因素已纳入融资风险分析（例如环境风险压力测试、利用赤道原则进行项目融资的环境和社会风险分析以及管理等），但是 ESG 作为一个系统框架纳入融资风险分析尚处于起步探索阶段。目前主要有附加法和内置法。附加法是通过附加考虑 ESG 因素，对传统的融资风险评价结果进行调整，该方法对现有的风险评价体系影响较小，但存在重复计算风险以及 ESG 信息与财务信息质量不匹配的问题。目前，大部分 ESG 信息均未经过审计或鉴证，信息质量低于经过审计的财务信息质量，ESG 作为附加考虑因素，风险影响可能会被低估。内置法更符合 ESG 集成，但目前最大的挑战是缺乏 ESG 非财务风险模型以及可信度较高的数据。

（三）中英绿色金融工作组

2016 年，根据中英财金对话成果的要求，绿金委与伦敦金融城在中英两国共同主持的 G20 绿色金融研究小组发起成立了中英绿色金融工作组。中英绿色金融工作组致力于扩展双方合作领域，包括气候变化相关金融信息披露工作组，促进"一带一路"倡议实现绿色发展。在 2017 年中期报告之中，指出了全球绿色金融在发展的过程中，会不断面临新的挑战，包括金融机构对环境风险评估能力不足，缺乏对绿色资产的明确定义、ESG 表现与融资成本的关系未被市场普遍认可、"一带一路"绿色投资标准缺失、国际投资者对中国绿色债券市场缺乏了解等。报告针对这些问提出了一系列建议，包括监管机构应向金融机构发出鼓励其开展环境风险分析的政策信号；支持市场机构根据绿色评级结果制定正面和负面清单，以鼓励绿色表现优异的企业和金融机构，约束"棕色"经济活动；加强机构投资者识别 ESG 风险和机遇的能力建设；通过明确绿色证券化合格资产、研发增信工具和绿色证券化标准文本等工作，推进绿色信贷证券化和绿色担保债券的发展；通过建立"一带一路"投资者沟通机制，推动形成"一带一路"绿色化投资标准；通过投资者路演、建立互动平台以及绿色债券数据库和指数，提升国际投资者对中国绿色债券市场的了解[①]。

2018 年 3 月，中英绿色金融工作组第二次会议在伦敦召开，就中英共同推动绿色资产证券化、推动"一带一路"投资绿色化、研究绿色资产的财务表现、开展金融机构环境信息披露试点等议题展开了讨论。2018 年 11 月，中英绿色金融工作组第三次会议在伦敦举行，绿金委与伦敦金融城在会议期间共同发布

---

① 资料来源：《中英绿色金融论坛在京举行　中英绿色金融工作组报告发布》，2017 年 9 月 4 日，金融界（http://finance.jrj.com.cn/2017/09/04203723058123.shtml）。

了《"一带一路"绿色投资原则》。《"一带一路"绿色投资原则》是鼓励投资企业自愿参加，从战略、经营和创新三个层面制定了公司治理、战略制定、项目管理、外部沟通、绿色金融工具运用等七项原则性举措，将"一带一路"倡议也归纳到议题之中，以提升"一带一路"投资环境和社会风险管理水平，推动"一带一路"实现绿色发展。2019 年 1 月，中英金融机构环境信息披露工作组第五次工作会议在北京召开。会议围绕着《中英金融机构环境信息披露试点工作行动方案》，强调要开展环境信息披露可以帮助金融机构识别、量化和规避各类与环境相关的风险，增强抵御风险的能力，进而提升金融系统的稳健性；同时引导更多金融资源进入绿色领域，推动经济向绿色化转型[①]。2019 年 3 月，中英绿色金融工作组绿色资产证券化（ABS）课题组专题研讨会在北京举行。研讨会指出绿色 ABS 将成为中英 2019 绿色金融合作的重点之一。由于绿色 ABS 可将绿色信贷转化为可供保险公司和养老金等机构投资者所持有的证券化，绿色 ABS 可以满足对绿色资产的投资需求，也有利于扩大绿色信贷的提供能力，满足绿色项目的资金需求。

中英绿色金融合作既为中英金融合作机制提供了强大的动力，又为"一带一路"建设提供了巨大机遇，同时，也引领和推动了全球绿色金融合作。英国是首个发行人民币计价主权债券的西方国家。2015 年中国农业银行在伦敦上市价值为 10 亿美元的绿色债券，并与伦敦证交所签署了《绿色金融战略合作备忘录》。2016 年，中国银行在伦敦发行了首只 5 亿美元绿色资产担保债券。中英绿色金融的密切合作，必然带动全球绿

---

① 资料来源：《中英金融机构环境信息披露工作组第五次工作会议在京举行》，2019 年 1 月 27 日，国际环保在线（https://www.huanbao-world.com/green/lsjr/80594.html）。

色金融产业发展。

（四）"一带一路"

自 2013 年"一带一路"倡议构想提出以来，中国在加快国际资源流动、促进区域合作、维护世界和平和安全方面做出巨大贡献。为推动"一带一路"绿色发展，2017 年，环境保护部等共同颁布了《关于推进绿色"一带一路"建设的指导意见》，阐述绿色"一带一路"的基本意义，并从加强交流和宣传、保障投资活动生态环境安全、搭建绿色合作平台、完善政策措施、发挥地方优势等方面作出了详细安排。同年，环保部发布了《"一带一路"生态环境保护合作规划》，在规划中确定了六项重点工作：第一，突出生态文明理念，加强生态环境保护政策沟通；第二，遵守法律法规，推进国际产能合作和绿色基础设施建设；第三，促进可持续生产和消费，发展绿色贸易；第四，加大支持力度，促进绿色融资；第五，开展生态环保工程和活动，促进人与人之间的交流；第六，加强能力建设，发挥地方优势。2018 年中英共同启动了"一带一路"绿色投资原则倡议。倡议内容包括低碳和可持续发展问题，提升投资环境和社会风险管理水平，进一步推进"一带一路"投资绿色化。2018 年，《"一带一路"绿色投资原则倡议》颁布，明确了低碳、可持续发展的议题内容，通过促进投资环境、社会风险管理的发展，保障"一带一路"能够朝向绿色化的方向发展。

为了满足投融资市场参与者对投融资项目的评估和筛选，同时为了识别项目受托方对环境、气候和社会风险管理能力和水平，以确保项目能产生正向的环境效益，"一带一路"倡议项目绿色投融资指南得以成立和开发。该指南框架为项目申请、审查、立项、自评估、监测以及环境绩效等提供了环境与气候关注点和系统操作方法的参考。基于对国际、国内经验总结，该指南对项目的环境与气候风险管理提供了参照和对比，便于使用者对项目形成整体印象，并以此作为"一带一路"倡议项目绿色投资的工作基础或参考。除此之外，"一带一路"绿色债券募投项目环境效益评估方法为"一带一路"绿色债券市场提出更加明确的"绿色"要求，为"一带一路"绿色投融资提供包括绿色债券合格项目筛选、发行前资格审核，为"一带一路"绿色资金融通提供支持。

（五）欧盟

在 2017 年底的联合国波恩气候变化大会期间，中国与欧盟联合《探寻绿色金融的共同语言》的报告，研究将中国《绿色债券支持项目目录》、欧洲投资银行《气候意识债券资格标准》下资金用途的不同分类进行对比，并强调了推进信息披露和专项报告一致性方面的具体办法。该报告在研究中借鉴并汲取了来自监管部门、投资方、证券公司、多边发展银行、其他国际金融机构、外部审议机构和社会代表等多方面的意见，详尽比较了不同的绿色项目定义、环境政策目标和项目资格标准。该报告提高了中国与欧盟的可比性和一致性，有利于跨境绿色资本的流动。在此基础上，在 2018 年第 24 届联合国气候变化大会上，中国和欧盟共同发布了第二版报告，总结了 2018 年中欧在推进绿色金融和绿色金融标准化方面的工作，并指出未来中欧应建立更加清晰的标准比对和转换机制。

2019 年 4 月，第二十一次中国—欧盟领导人会晤在布鲁塞尔举行。在会上，双方强调落实《巴黎协定》和《蒙特利尔议定书》的坚定承诺，强调将加强绿色金融合作，以引导民间资本流向更具环境可持续性的经济。

2020 年，欧盟加速推进关于欧洲如何计划进行绿色、弹性复苏的重要政治信号。而中国也正在对投资的气候影响进行分类，特别是在"一带一路"倡议中，这项工作将是此次中欧合作的重要工具。中欧双方在绿色金融领域有着强大的合作潜力。

（六）国际绿色投资中介枢纽香港

香港作为国际金融中心，在发展绿色金融领域有着强大的基础。2016 年 5 月，香港金融发展局发表《发展香港成为区域绿色金融中心》，建议推动香港发展成为区内领先的绿色金融中心。报告主要提出六项建议：一是由受政府和公营机构管控的发行人发行基准"绿色债券"；二是成立绿色金融咨询委员会或同类机构，以制定长远工作重点、提供协助；三是举办有关绿色金融及投资的全球会议，以及一系列座谈会；四是借助大学和专业团体培育绿色金融人才，确保人才供应；五是鼓励资产持有人和投资经理从气候和环保角度，审视投资风险；六是提高香港股票市场、债券市场和私募基金市场的吸引力，招徕绿色企业及其投资者。2016 年 7 月，领展房地产投资信托基金发行金额为 5 亿美元的绿色债券，用于建设绿色建筑、改造现有建筑和实施节能项目；2016 年 10 月，香港铁路有限公司发行了金额为 6 亿美元的绿色债券，投资建设了两条地铁线路，鼓励居民选择低碳环保的出行方式。[①]

香港主动匹配内地与国际的绿色投资需求，发挥中介枢纽作用。2018 年 6 月，中国人民银行研究局与香港金融管理局在香港联合举办内地与香港绿色金融合作研讨会，探讨内地和香港绿色金融市场的发展与机遇。2018 年 9 月 21 日，香港绿色金融协会成立，该协会包括了 90 余家香港金融机构、环保企业、服务提供商和其他利益相关者。它旨在调动产业资源和人才，促进绿色金融业务和产品创新，支持香港特区政府制定

---

① 资料来源：《香港"绿色金融"浪潮涌动》，2018 年 6 月 20 日，https://www.sohu.com/a/236680581_114731。

的绿色财政政策,帮助香港建设国际绿色金融中心。[①] 2019年,香港发布《绿色债券框架》,为符合资格类别的政府工务项目融资或再融资。2019 年 5 月,政府向环球投资者成功发售首批绿色债券,深受环球投资者欢迎,认购金额为发行金额的逾四倍。

粤港澳大湾区建设也是香港和内地共同发展绿色金融的重要平台。2019 年 2 月 18 日,中共中央、国务院发布的《粤港澳大湾区发展规划纲要》确定了粤港澳大湾区发展的基本原则之一是"绿色发展,保护生态"。2020 年 9 月,广东、香港和澳门绿色金融联盟正式成立,由广州、深圳、香港和澳门共同建立。联盟是在中国金融学会绿色金融专业委员会指导下,由广东省金融学会绿色金融专业委员会发起并自愿组建的非法人、非营利性工作协调组织,深圳经济特区金融学会绿色金融专业委员会、香港绿色金融协会、澳门银行业协会等,在绿色供应链金融(汽车制造业)、固体废物处理等领域进行了创新性探索。研究覆盖了大湾区的统一碳市场,建立碳市场跨境交易机制,是联盟的创新探索之一,有望在未来打通碳市场的国内外交易渠道。[②]

七 国内试点碳金融市场流动性困境实证分析

促进碳金融市场健康发展是我国推动生态文明建设,实现碳达峰、碳中和目标的重要抓手。碳金融市场本质就是引导有减排义务的企业在参与市场交易的同时,形成价格发现机制,

---

① 资料来源:《2018 香港绿色金融论坛暨香港绿色金融协会成立大会举行》,2018 年 9 月 25 日,新华财经中国金融信息网(https://greenfinance. xinhua08. com/a/20180925/ 1778933. shtml)。

② 资料来源:《粤港澳大湾区成立绿色金融联盟》,2020 年 9 月 6 日,人民网(http:// gd. people. com. cn/n2/2020/0906/c123932 – 34274434. html)。

并使价格信号能引导企业增加低碳技术投资，从而促进经济向低碳化发展。从 2013 年开始，国内七个碳排放权交易试点正式启动，发展至今，为建设全国统一碳交易市场积累了丰富的经验。国内试点碳金融市场有一个共同特征，即平时交易不活跃，成交量很小，而到碳配额履约日临近却突然增大，履约结束后迅速恢复至与前期类似的不活跃状态。这让人不禁要问：国内碳金融市场的流动性去哪儿了？流动性是碳金融市场成功运行的前提条件，体现在发现市场价格、降低交易成本和减少不确定性等方面。国外成熟的碳金融市场上，碳配额的交易一般比较平均地分布于全年各个交易日。而国内试点碳金融市场这种集中交易的特点大大降低了市场流动性，严重影响了市场的碳配额价格发现功能。国内试点碳金融市场流动性困境明显不利于企业实时将碳配额成本纳入其生产规划并进行风险对冲，进而导致整体碳交易市场的效率不高。

流动性改善对于中国推动全国统一碳市场建设极其重要，而如何提高市场流动性也将成为一个制约碳金融市场蓬勃发展的关键问题。本节研究的主要目的是通过对我国七个试点碳交易市场流动性进行实证分析，寻找碳金融市场流动性的显著影响因素，从而为改善中国碳金融市场流动性，进一步提高碳金融市场交易效率，维护碳金融市场作为引导低碳社会发展的重要政策工具的核心地位提供理论参考。同时，碳金融市场流动性的研究对碳市场风险管理和碳衍生品定价、碳投资组合等相关研究，对推动绿色金融发展也具有重要的理论意义。

（一）国内试点碳金融市场流动性困境理论分析

在参考国际碳金融市场流动性规律以及相关理论基础上，本节尝试测算市场制度，市场参与者以及宏观政策环境对中国试点碳金融市场流动性的影响。

除了影响市场流动性的成交量、成交价、持仓量和换手率等指标之外，因为碳交易是政府针对市场负外部性而建立的一种交易机制，对政府的制度和政策信息具有很强的依赖性。政府和交易所发布的配额分配相关信息，对碳排放权供给和引导参与者的市场预期具有重要影响。在试点阶段，各地发改委负责制定试点碳市场各项交易与管理制度，包括市场交易管理办法、配额分配方法以及国家核证自愿减排量的交易和使用限制等。这些政策决定了试点市场的交易规则、配额总量等，对试点市场的供求关系，市场运行、流动性等都有直接影响。

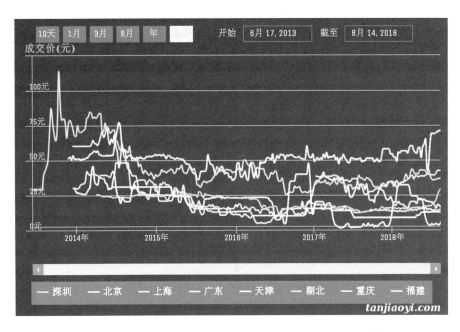

图 3 - 1　中国碳市场行情 K 线走势图（2013—2018 年）①

此外，作为发展中国家，中国经济发展对能源的依赖程度还比较高，这导致了对碳排放权的需求很高，需求的增加将导致碳排放权配额价格的上涨，从而导致市场交易的增加。气候

---

① 数据来源：中国碳排放权交易网（http：//www. tanpaifang. com/）。

变化还将通过能源消费渠道影响碳排放权需求，进而影响碳市场交易。煤炭价格对碳价格的影响包括两个方面：一方面，通过经济发展影响碳排放价格，进而影响市场流动性；另一方面，通过能源转换，影响碳排放需求，进而影响市场交易。

（二）研究数据和研究方法

1. 研究数据

中国各地试点碳交易所公布的数据类型不同，考虑到数据的可获得性及统一性，选取北京、深圳（仅选择 SZA – 2013 合约）、上海、天津、湖北、广东碳交易所的数据（由于重庆长时间没有交易记录，因此没有选取重庆）作为样本数据，包括收盘价（P_t）、成交量（TVt）。因各碳交易所首次交易日期不同，样本区间分别为：北京市场 2013 年 11 月 28 日至 2018 年 10 月 26 日；深圳市场 2013 年 6 月 19 日至 2018 年 10 月 26 日；上海市场 2013 年 12 月 19 日至 2018 年 10 月 26 日；天津市场 2013 年 12 月 26 日至 2018 年 10 月 26 日；湖北市场 2014 年 4 月 2 日至 2018 年 10 月 26 日；广东市场 2013 年 12 月 19 日至 2018 年 10 月 26 日。如果试点市场当日并没有配额交易，而其他试点市场有交易，那么就以该市场当天配额有效价格作为补充，同时设定当天该市场配额成交量为 1 吨，这样能够保障研究数据的可比性。以上市场数据均来自碳 K 线网站。同时，选择宏观经济环境变量。包括代表经济发展的上证指数和制造业采购经理指数；选取交易试点所在城市近十年平均气温与日平均气温的偏差作为天气变化变量。由于我国能源消费结构以煤炭和石油为主，因此选取煤炭价格指数和石油价格指数作为能源价格变量。初步数据来自国家统计局、中国碳交易平台官方网站等。

为了深入分析碳金融市场的流动性问题，本节还需要区分各试点碳金融市场在履约期和窗口期的流动性差异。因此，需要根据各试点碳市场的具体履约时间进一步分析。在我国的试点地区，规定重点排放单位需要在履约期间向碳交易主管部门移交相当于监测期排放总量的配额（根据各试点地区的政策法规，可以抵消一定比例的 CER）。试点地区以一个自然年作为碳排放监测周期，每年抵消上一年的碳排放。实施期为每年 5 月至 7 月。天津、湖北实施时间为 5 月 31 日前，北京实施时间为 6 月 15 日前，重庆、广东实施时间为 6 月 20 日前，上海、深圳实施时间为 6 月 30 日前。

在各试点之中，碳市场需要履约的时间都是有所差别的。2014 年的履约期具体的时间如表 3 - 1 所述。

表 3 - 1　　　　　2014 年的履约期、履约窗口期的具体时间

地区	履约期	履约窗口期
上海、深圳	2014. 7. 1—2015. 6. 30	2015. 6. 1—2015. 6. 30
北京	2014. 7. 16—2015. 6. 30	2015. 6. 1—2015. 6. 30
天津	2014. 7. 26—2015. 7. 10	2015. 6. 1—2015. 7. 10
湖北	2014. 7. 1—2015. 7. 10	2015. 6. 1—2015. 7. 10
广东	2014. 7. 16—2015. 6. 23	2015. 6. 1—2015. 6. 23

2015 年的履约期具体的时间如表 3 - 2 所述。

表 3 - 2　　　　　2015 年的履约期、履约窗口期的具体时间

地区	履约期	履约窗口期
北京、上海、深圳	2015. 7. 1—2016. 6. 30	2016. 6. 1—2016. 6. 30
天津	2015. 7. 11—2016. 6. 30	2016. 6. 1—2016. 6. 30
湖北	2015. 7. 11—2016. 7. 25	2016. 6. 1—2015. 7. 25
广东	2015. 6. 24—2016. 6. 20	2016. 6. 1—2016. 6. 20

2016 年的履约期具体的时间如表 3 – 3 所述。

表 3 – 3　　　　　2016 年的履约期、履约窗口期的具体时间

地区	履约期	履约窗口期
北京、上海、深圳	2016. 7. 1—2017. 6. 30	2017. 6. 1—2017. 6. 30
天津	2016. 7. 1—2017. 6. 30	2017. 6. 1—2017. 6. 30
湖北	2016. 7. 26—2017. 6. 30	2017. 6. 1—2017. 6. 30
广东	2016. 6. 21—2017. 6. 20	2017. 6. 1—2017. 6. 20

2017 年的履约期具体的时间如表 3 – 4 所述。

表 3 – 4　　　　　2017 年的履约期、履约窗口期的具体时间

地区	履约期	履约窗口期
北京	2017. 7. 1—2018. 8. 31	2018. 8. 1—2018. 8. 31
上海	2017. 7. 1—2018. 7. 31	2018. 7. 1—2018. 7. 31
深圳	2017. 7. 1—2018. 6. 30	2018. 6. 1—2018. 6. 30
天津	2017. 7. 1—2018. 6. 30	2018. 6. 1—2018. 6. 30
湖北	2017. 7. 1—2018. 8. 31	2018. 8. 1—2018. 8. 31
广东	2017. 6. 21—2018. 6. 20	2018. 6. 1—2018. 6. 20

2. 研究方法

本节研究主要结合碳金融市场的相关结论，选取国内的 7 个碳排放权交易试点的相关数据进行分析。首先，从趋势上和总量上分碳排放权交易的收盘价、成交量，从整体上把握试点碳金融市场的流动性特征；其次，计算主要配额合约的流动性比率，根据碳排放权交易合约的收盘价（P_t）、成交量（L_t）作为衡量碳市场宏观流动性的指标；最后，结合 Martin、Hui – Heubel 的流动比率数据，并且参考新的 MH 数据，综合衡量各个试点碳市场中其微观流动性指标的具体数值，结合交易的天

数等数据，保障指标选定更加合理有效。

第一，要检验各变量的平稳性，采用 ADF 或 PP 检验法；第二，检验变量间的格兰杰因果关系，采用格兰杰因果分析方法；第三，检验变量间的协整关系，采用 Johansen 协整检验法，在此基础上，利用向量误差修正模型确定变量之间的长期关系；第四，利用国内试点碳金融市场的交易量变化、交易价格波动、周转率变化和流动性变化，构建 VAR 模型，得到其脉冲响应函数，分析流动性变化之间的互动关系和机制，交易价格波动和成交量变化；第五，运用静态面板回归模型分析不同因素对碳市场流动性的影响；第六，利用面板向量自回归模型（PVAR）的方法来分析流动性变化与其他影响因素之间的动态关系。本节将使用 R 语言和 Stata 统计软件针对 2013—2018 年我国试点碳金融市场数据进行建模研究，挖掘提高碳市场流动性的途径，为政策制定者与市场参与者提供决策参考。

1. 协整检验

计算协整系数包括两种方法，即基于回归残差和最大似然比。

基于回归残差法：主要针对异质面板数据，如果要进行协整检验分析，可以采用 E – G 两步法对相关序列进行回归，并得到残差，利用残差可以计算七种协整统计量。在这七种类型之中，有四种是组内统计量，剩余的都是组间统计量。在组内统计量中，其中前三种可以用 PP 检验，第四种用 ADF 检验。在组间统计量当中，前两种用 PP 检验，第三种用 ADF 检验。异质面板的协整检验，原假设不存在协整关系，所以组间统计量的备择假设与组内统计量的备择假设不一样，区别在于前者的备择假设要求协整系数一致，而后者的备择假设没有这样的要求，即协整系数可以发生变化。

对于同质面板数据，可以用 Kao 检验，它也是基于 E – G 两步回归残差。基于面板数据，Kao（1999）扩展了五个 ADF 检验，其中一个是基于所有回归元素的严格外生假设。在此假设下，利用 E‑G 两步法对序列进行回归，并采用固定效应模型对回归之后的残差进行分析，从而可得协整系数，并可计算对应的 t 值检验统计量，这个 t 值检验统计量是服从标准正态分布（在原假设条件下）。

最大似然比法：Johansen 最大似然比协整检验统计量为 $-2\sum_{i=1}^{N}\log(p_i)\sim\chi^2_{2N}$。本节还对异质面板进行了 Johansen-Fisher 面板协整检验。本节将采用 Johansen 协整检验检验各影响因素与各试点碳市场流动性之间是否存在协整关系。

2. 向量误差修正模型（VEC）

VEC 模型包含了变量间的协整关系，即如果变量间存在协整关系，则表明变量间存在长期均衡关系。本节主要分析各影响因素与碳市场流动性之间的长期关系，因此，选择 VEC 模型可以清晰刻画样本周期外各影响因素与碳市场流动性之间相互作用的动态特征。

3. 面板回归模型

为了分析各影响因素对碳市场流动性的作用机制，本节还采用了静态面板回归。为了保持数据的一致性和可比性，采用了平衡面板数据。通过 Hausman 检验，选择合适的面板模型，然后对结果进行估计和分析。

此次主要使用的是面板数据线性模型：

$$y_{it}=\alpha_i+\beta^j_i\chi_{it}+\varepsilon^j_{it}$$
$$i=(1,2,3,4,5,6,7)$$
$$j=(1,2,3,4,5,6,7)\quad\quad(3-1)$$

而且 $i=(1,2,3,4,5,6,7)$ 所展现的是北京、上海等试点。J 所代表的是各种类型的影响因素，包括碳排放权交易合约的收盘价（P_t）、国内煤炭价格（Coal）、国内油价（Oil）等宏观经济环境变量。

4. 面板向量自回归模型（PVAR）

普通线性回归只能分析变量间静态相关的影响，而不能描述滞后影响下的长期动态影响。因此，本节将运用面板向量自回归模型（pvar）进一步分析碳市场流动性影响因素之间的动态关系。该模型既能解决内生变量的问题，又能反映系统变量变化所引起的影响以及各种因素在影响中的作用。模型结构如下：

$$y_{it} = \alpha_i + \gamma_t + \mu_{it} + \chi_{it}\beta \qquad (3-2)$$

其中，y_{it} =（CP_{it}, PMI_{it}, $Stock_{it}$, Gov_{it}, $Local_{it}$, $Weather_{it}$, $Lpoc_{it}$）是基于面板数据的 6×1 的变量向量，i 代表不同试点，

$x_{it} = [y_{it-1}, y_{it-2}, \cdots, y_{it-p}]$ 是 y_{it} 中的 p 阶滞后项；

α_i 是 6×1 的个体效应向量；

γ_t 是 6×1 的时间效应向量；

μ_{it} 是随机扰动项，且满足 E（$\mu_{it} \mid \alpha_i$，γ_i，y_{it-1}，y_{it-2}，$\cdots$）=0。

在 pvar 的基础上，采用脉冲响应函数和方差分解对模型进行分析。脉冲响应函数表达的是某一内生变量受其他变量单位变化所带来的冲击的响应，方差分解度量不同扰动项对某一内生变量方差的影响。

（三）实证分析和结论

1. 试点碳金融市场交易趋势与市场流动性测度

在碳交易市场中，其交易量也就是碳排放配额量的实际情况，其数值基本上能说明市场交易行为是否活跃，成交量数值越高，说明市场交易行为越多，市场人气也越高，大家都踊跃参与碳交易，反之亦然。例如，从 2014—2017 年各试点碳市场履约期交易量可以看出，在每个履约期的窗口期，即 6 月份到 7

月份的交易量高于其他月份的交易量，其他月份甚至还出现了交易量为零的情况，因此可以初步认为各试点碳市场交易均存在较为明显的"履约现象"。

从各试点碳市场的履约期与窗口期的交易量的平均值和标准差也可以看出，各试点碳市场在窗口期交易量的标准差比履约期交易量的标准差大很多甚至相差好几倍，这进一步说明各试点碳市场在窗口期交易比较活跃，而在非窗口期的交易活跃度较低，即存在明显的"履约现象"。

从各试点碳市场的履约期与窗口期收盘价的平均值和标准差也可以看出，各试点碳市场在窗口期收盘价的标准差比履约期收盘价的标准差低，这说明履约窗口期交易量比较大，而且价格不会产生太大的波动，因此，流动性、碳价稳定之间是存在联系的，而且彼此是相互影响的。

分析整个履约周期的碳交易量与碳价格变化可以发现，处于履约窗口期内的成交量明显高于非履约窗口期的。目前，碳交易的主体仍然是排放控制企业，因此履行合同仍然是主要目标，这使得碳交易主要集中在履约窗口期。

从 MH 流动性指标的含义可以知道，MH 指标数值变化与碳市场流动性变化方向相反，即 MH 指标数值越大，说明碳市场的流动性越差，反之说明碳市场流动性越好。本节对 2014 年至 2017 年履约期广东碳市场的流动性指标 MH 值进行计算（如图 3 - 6 所示）。根据计算结果，整体上广东碳交易市场流动性、波动性很大，在每年的 6—7 月份，MH 流动性指标数值都有明显下降，这反映出碳市场的确存在"履约现象"，即临近履约窗口期时市场交易比较活跃，市场流动性明显好转。其他试点碳市场与广东碳市场情况类似，本节不再展示其他试点碳市场的 MH 值。总之，整体上看，在临近履约窗口期时，各试点碳市场 MH 流动性指标数值都有明显的下降，市场流动性均发生明显的好转，市场交易较平时更为活跃，进一步印证各试点碳市场存在"履约现象"（见图 3 - 2 至图 3 - 7 及表 3 - 5、表 3 - 6）。

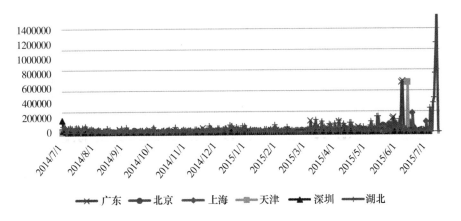

图 3 - 2　2014 年履约期各试点碳市场交易量（2014 年 7 月至 2015 年 6 月）

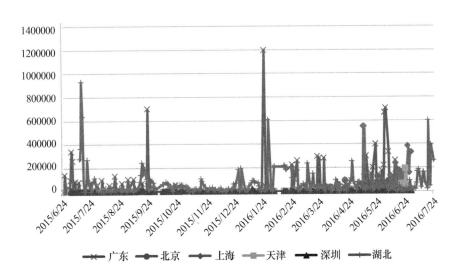

图 3 - 3　2015 年履约期各试点碳市场交易量（2015 年 7 月至 2016 年 6 月）

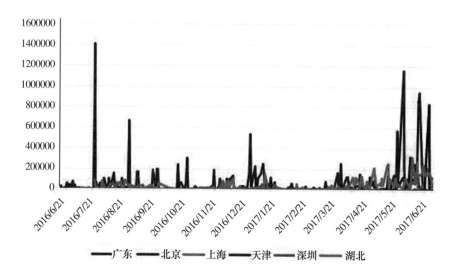

图 3 - 4　2016 年履约期各试点碳市场交易量（2016 年 7 月至 2017 年 6 月）

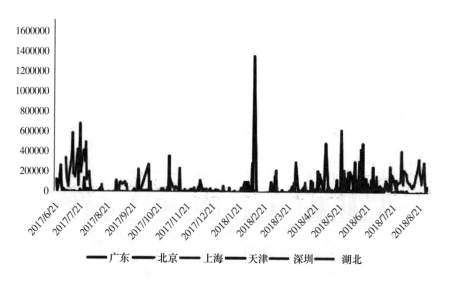

图 3 - 5　2017 年履约期各试点碳市场交易量（2017 年 7 月至 2018 年 8 月）

表 3 – 5 　　各试点碳市场 2014—2017 年履约期
与窗口期交易量的平均值与标准差

		2014年		2015年		2016年		2017年	
		平均值	标准差	平均值	标准差	平均值	标准差	平均值	标准差
广东	履约期	5572.89	39067.29	41575.08	122843.21	65555.91	161428.15	43905.11	120432.61
	窗口期	55288.57	134997.04	209723.47	198107.89	275689.00	258180.30	122599.13	139647.22
北京	履约期	3834.66	10251.09	9153.33	23933.26	9853.74	24677.03	8784.16	21684.10
	窗口期	20695.07	23814.08	58462.70	38891.38	54008.14	48440.05	29314.22	35527.27
上海	履约期	5560.60	13049.01	16637.11	65828.16	11911.10	32111.12	8682.44	22620.74
	窗口期	14528.97	37480.41	111091.70	109215.26	66136.55	71381.99	22355.82	30383.47
天津	履约期	1487.16	25476.43	1342.02	13013.68	4780.21	55327.27	–	–
	窗口期	12216.03	73899.67	12861.35	39888.21	49317.73	173603.41	–	–
深圳	履约期	1744.26	7265.16	928.46	2210.37	334.45	1151.03	–	–
	窗口期	1500.70	2158.83	716.17	924.11	1199.77	3047.51	–	–
湖北	履约期	26538.20	85212.82	64157.84	103953.82	35547.00	54443.41	57069.15	98004.46
	窗口期	95847.90	238225.19	72040.75	116481.71	139791.14	66688.34	114238.33	87708.55

表 3 – 6 　　各试点碳市场 2014—2017 年履约期与窗口期
收盘价的平均值与标准差

		2014年		2015年		2016年		2017年	
		平均值	标准差	平均值	标准差	平均值	标准差	平均值	标准差
广东	履约期	29.56	17.44	15.43	12.78	13.29	13.52	13.55	14.85
	窗口期	11.02	0.96	1.55	1.09	2.44	0.42	0.98	0.52
北京	履约期	52.17	42.78	42.81	51.08	51.68	49.41	56.07	65.09
	窗口期	5.67	2.69	5.92	3.30	2.87	3.48	7.50	9.18
上海	履约期	32.84	18.32	10.46	7.20	24.27	35.16	33.85	39.49
	窗口期	8.57	2.90	3.58	1.51	12.62	1.16	4.48	0.90
天津	履约期	23.55	14.63	22.11	18.37	13.95	12.89	–	–
	窗口期	4.13	2.39	2.30	4.08	2.78	1.73	–	–
深圳	履约期	47.70	46.13	43.28	39.81	31.30	28.82	–	–
	窗口期	8.35	3.32	6.26	3.97	6.04	4.71	–	–
湖北	履约期	24.84	25.50	21.66	15.12	16.65	15.22	16.14	23.89
	窗口期	1.26	0.54	3.84	2.21	1.55	0.94	3.90	4.23

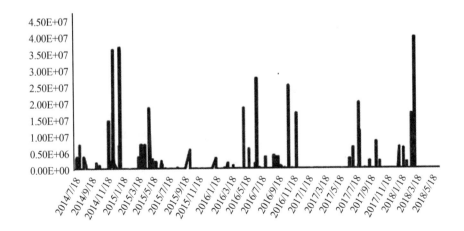

图 3 – 6 　广东碳市场 2014—2017 年履约期内 MH 值情况

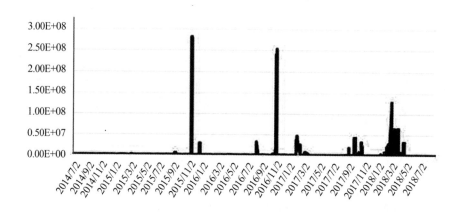

图 3-7 湖北碳市场 2014—2017 年履约期内 MH 值情况

2. 试点碳金融市场流动性困境实证分析

根据上述分析结果可以看出，市场交易量、交易价格或 MH 流动性指标，都反映出"履约现象"的确存在于中国各试点碳市场之中，也即碳金融市场的确存在集中交易的情况。

碳市场存在"履约现象"，会直接影响整个碳市场流动性，导致碳市场定价功能弱化，从而降低碳市场减排效率。市场流动性是影响市场效率的根本因素。在流动性很好的市场中，市场信息能够充分被市场吸纳并反馈于价格，即投资者可以根据价格信号，及时作出合理的投资决策，从而提高资源配置效率。如果市场流动性仅集中于某一时间段，就会导致投资者不能将价格信号纳入投资决策，实现及时对冲风险。因此，提高碳市场流动性已成为促进碳市场健康发展的重要课题。基于以上逻辑，本节需要进一步挖掘影响碳市场流动性的关键因素。目前，碳市场已经发展为新型金融市场，为了进一步分析碳市场流动性的影响因素，需针对市场收益率、波动率与市场流动性相互关系进行深入研究。

碳交易使得碳排放配额成为一种新型的资产。根据金融理论，市场交易行为会影响市场资产价格与成交量，因此市场收益率与市场成交量这两个数值之间呈现正相关关系，同时市场随机干扰信息也会持续影响市场收益率与市场成交量，不过这种影响可以预测。

市场交易量、收益率和波动率本身也是一种市场信息，会影响投资者投资决策。市场流动性会直接影响投资者对持有资产的变现能力，因此，流动性作为一个风险因素影响着资产定价。碳排放权配额交易量作为一种市场信息，它反映了控排企业与投资在市场交易行为的偏好，会直接影响市场成交价格和市场收益率。如果市场收益率波动激烈，市场就会出现投资机会或投资风险，投资者根据预期收益率，作出交易决策，从而改变市场流动性。碳价反映碳市场供求变化，在整个履约周期内均会影响市场流动性。因此，要分析碳市场流动性问题，需要对"流动性价格"（即"流动性收益率波动性"）深入研究，找出影响碳市场流动性的关键因素，以完善市场运行机制，提升碳市场减排效率。

（1）试点碳市场流动性动态关联的面板 VAR 估计

本节基于面板向量自回归模型 VAR（Panel VAR，PVAR），针对流动性、收益率与波动率三者间的关系，为探讨三者之间的动态关联，进行模型构建。

由于数据可获性不同，本节市场流动性变量选取交易量（L）作为代表，并取对数。交易量（L）不仅反映控排企业减排量，同时也反映市场活跃度。

本节收益率（R）采用碳价格的对数差分形式表示，同时采用 GARCH（1，1）模型测算碳市场收益率的波动情况，以方差 h_t 计算碳价波动率（V）。

为保证模型的稳健性，本书选取经济发展水平、天气变化和能源价格作为控制因素，取上海股票指数（Stock）和制造业采购经理人指数（PMI）代表经济发展水平；选取近十年的日平均气温与月平均气温的偏差作为天气变化的代表。由于中国能源消费结构以煤炭和石油为主，选用煤炭价格指数（Coal）和石油价格指数（Oil）作为能源价格的代表。

首先，对自变量、解释变量和控制变量进行单位根检验，以排除"伪回归"问题。根据单位根检验结果可以看出，所有变量均显著（10%置信水平），说明时间序列为稳定序列（见表3-7）。

表3-7　　　　　　　　　　　　单位根检验

P值	履约期		窗口期	
P值	统计量	P值		
R	-69.868	0.0000	-21.596	0.0000
V	-19.151	0.0000	-8.050	0.0000
L	-27.269	0.0000	-9.470	0.0000
coal	-3.060	0.0297	-2.752	0.0654
oil	-3.481	0.0085	-2.954	0.0394
stock	-3.691	0.0042	-3.397	0.0111
pmi	-3.944	0.0017	-3.624	0.0053
wed	-39.067	0.0000	-13.394	0.0000

由于同时存在内生变量与外生变量，需构建面板VAR模型来分析收益率、波动率和流动性之间的相关性，并综合协整检验、Granger检验、VEC等准则（本书不再展示协整检验、Granger检验和VEC结果），模型选取收益率、波动率与流动性滞后一阶作为解释变量（见表3-8至表3-10）。

表3-8　　　　　　　　　　　　　　履约期滞后期选择

lag	CD	J	J pvalue	MBIC	MAIC	MQIC
1	.9079535	51.01442	.0034677	-109.9327	-2.985584	-45.3885
2	.9731076	10.70533	.9064401	-96.59277	-25.29467	-53.56328
3	.8078431	5.172788	.8189932	-48.47626	-12.82721	-26.96152

表3-9　　　　　　　　　　　　　　窗口期滞后期选择

lag	CD	J	J pvalue	MBIC	MAIC	MQIC
1	.9787532	11.52789	.8706293	-69.46868	-24.47211	-42.61737
2	.9312511	4.374483	.8850836	-36.1238	-13.62552	-22.69815

表3-10　　　　　　　不同履约期下碳市场流动性、

收益率与波动率的面板 VAR 估计结果

因变量	自变量	履约期		窗口期	
R	l. R	0.069	- 0.0564	- 0.20857 **	- 0.236 *
	l. V	5.25 **	3.46 ***	- 4.579 ***	- 0.3066
	l. L	0.0045	- 0.0068 **	- 0.02347	- 0.01001
	LN（oil）		0.02577 *		0.0452
	LN（coal）		- 0.084 **		- 0.3182
	LN（stock）		- 0.00855		0.0708
	LN（pmi）		0.0755		1.335
	LN（wed）		0.0048 *		0.00219
V	l. R	0.0106	0.00812	- 0.052 **	- 0.0489
	l. V	1.16 ***	1.079 ***	0.612 ***	0.7172 ***
	l. L	- 0.0000027	- 0.00035	- 0.00406 *	- 0.000383
	LN（oil）		0.0006665		- 0.007814
	LN（coal）		- 0.00333		0.00233
	LN（stock）		- 0.00068		0.0045
	LN（pmi）		0.00918		0.00054
	LN（wed）		0.00014		0.000053

因变量	自变量	履约期		窗口期	
L	l. R	11. 74 **	1. 99	− 3. 033	− 1. 3045
	l. V	138. 74 ***	95. 279 ***	109. 1421 ***	− 2. 58
	l. L	0. 5747 ***	0. 1878 **	− 0. 0003342	0. 122
	LN（oil）		1. 02549 **		2. 72
	LN（coal）		− 4. 202 ***		− 14. 72 *
	LN（stock）		0. 0845		1. 93
	LN（pmi）		6. 4577		97. 27 **
	LN（wed）		0. 0311		− . 433 *

注: *** 代表通过 1% 的置信水平; ** 表示通过 5% 的置信水平; * 代表通过 10% 的置信水平。

　　由上述回归分析可知，在履约周期内，流动性滞后一期
（l. L）对收益率（R）有显著的负面影响，而收益率滞后一期
（l. R）则对流动性（L）产生正向的影响关系，但是并不十分明
显，从中也能够看出二者之间呈现非对称的是关系。流动性滞后
一期（l. L）对收益波动率（V）影响为负但不显著，而收益波动
率滞后一期（l. V）对流动性（L）影响存在正且显著，也说明流
动性与收益波动率之间关系并非对称的。在履约窗口期内，即
6—7 月，流动性滞后一期（l. L）对收益率（R）和收益波动率
（V）影响为负但不显著，而收益率滞后一期（l. R）和波动率滞
后一期（l. V）则对流动性（L）影响也为负且不显著。对比履约
期与窗口期的反应，非窗口期与窗口期出现严重的"断裂"现
象，说明当市场进入履约窗口期后，随着市场流动性的增加，碳
价波动与收益率更趋稳定，市场更有效。

　　观察控制变量对流动性、收益率和波动率的影响，在履约
周期内与履约窗口期存在差异。一方面，由于某一试点地区高
碳产业比重大，对高碳能源依赖程度高，如天津、湖北等地区，
重工业占比大，能源消耗也比较大，当高碳能源价格上涨时，

控排企业短期内无法转换能源供给方式，在碳市场上碳排放权配额需求会随着短期内企业由于能源成本增加而导致减产而下降，从而导致碳市场流动性枯竭。另一方面，由于石油、天然气等低碳能源转换成本更低，当低碳能源价格上涨时，控排单位更倾向于采用高碳能源，从而增加碳排放权配额的需求，进而提升碳市场流动性。同时，履约期和履约窗口期均在6—7月，若是气温升高，就会减少对能源的需求，导致碳配额需求减少，从而降低市场流动性。在整体履约期中，特别是试点地区温度较低时，会因气温变低而增加能源消耗，从而提升碳市场需求，进而激活碳市场流动性。当宏观经济不景气时，会因为经济主体收入的减少，化石能源方面的消耗也会不断减少，这就会影响到市场中碳配额的流动性。

按照计算，这四种类型的回归模型中，其结果均通过Hansen's J检验，不存在过度识别的问题，另外，从实证的最终结果来看，各个特征值都处于单位圆之中，且能够通过系统的平稳性检验。

（2）试点碳市场流动性动态关联面板VAR脉冲响应分析

根据脉冲响应结果，当收益率、波动率受到外界影响时，会对碳市场流动产生影响，影响的方向为负，且累积影响也为负，但不具备长期性。因此，收益率的降低会给投资者带来一定程度的流动性补偿，而当碳市场风险增大时，流动性就会降低。

根据履约窗口期脉冲响应结果，在第0期、第1期脉冲响应方向正好相反，说明收益率与波动率受到外界影响时，对流动性影响会出现不确定性。根据履约周期，履约窗口期峰值与累积响应结果，两个数值绝对值都表现为下降，表明流动性对收益率与波动率影响在降低，主要是由于窗口期下控排企业交易多是以完成履约要求为目的，没有过多考虑收益率与波动率问题，即履约期中控排企业"非理性"交易程度较高（见图3

-8、图 3 - 9 及表 3 - 11)。

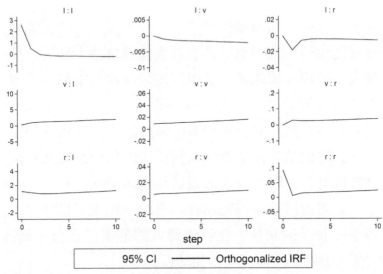

图 3 - 8 试点碳市场履约期流动性、收益率与波动率的脉冲响应结果

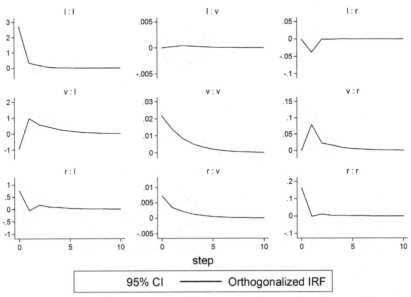

图 3 - 9 试点碳市场窗口期流动性、收益率与波动率的脉冲响应结果

表3-11　　　试点碳市场流动性对收益率与波动率的脉冲响应结果

Response variable	分期	第0期与1期响应	持续期数	峰值对应期	峰值	累积响应
R	履约期	0/ <0	8	4	-0.0014851	-0.022668
	窗口期	0/ <0	10	4	0.000145	-0.014390
V	履约期	0/ <0	7	1	-0.0003584	-0.0064561
	窗口期	0/ >0	9	2	0.000171	0.000585

　　从以上分析可以看出，在整个履约期内，收益率和波动率对流动性的影响较大；三者在履约窗口期的动态关联度相对高于整个履约期。由于试点碳交易市场非履约窗口期交易量少，履约窗口期交易量明显增加，在履约窗口期，收益率和波动率对流动性相关系数明显上升。可以认为，要保持"收益率—波动率—流动性"三者之间的动态均衡关系，稳定碳市场价格，避免碳价大起大落，就必须增强碳市场流动性。当前，强制控排政策，并不能引导企业真正减排，控排企业碳资产管理水平仍有待提升，碳市场履约窗口期集中交易现象明显，控排企业仍是应付式履约。根据研究结果，有效的碳价管理可以提升碳市场流动效率，保证控排企业有效履约和实现低成本减排，从而提高碳市场减排效率。

　　（3）试点碳市场流动性动态关联面板VAR方差分解分析

　　为了明确内生变量之间产生的影响情况，本书采用了方差分解的方法，对模型进行分析研究，最终得到了各个变量对其他变量造成的贡献度情况（见表3-12）。

表 3 - 12   碳市场"收益率—波动率—流动性"方差分解结果

变量	期数	R		V		L	
		履约期	窗口期	履约期	窗口期	履约期	窗口期
R	5	0.985	0.992	0.013	0.008	0.002	0.001
	10	0.985	0.991	0.013	0.008	0.002	0.001
V	5	0.035	0.670	0.950	0.328	0.015	0.002
	10	0.034	0.670	0.945	0.327	0.021	0.003
L	5	0.015	0.627	0.001	0.043	0.984	0.330
	10	0.015	0.626	0.002	0.042	0.983	0.332

在第 5、10 个预测期之中，方差分解结果比较相似，这就能够看出在第 5 个预测期之后，系统会处于比较稳定的状态。收益率也会受到自身和波动率方面的影响，对流动性造成的影响也会逐渐变小。在履约窗口期内流动性影响程度在降低，与前面分析结论相契合。波动性主要受自身和收益率的影响，收益率的影响在履约窗口期增大，而流动性的影响相对减小；但流动性受自身影响最大，其次是收益率，波动性的影响依次减小，表明调整市场价格，可以显著影响市场流动性。在履约窗口期，流动性受其他因素影响变大，而流动性自身的影响会变小，表明当市场交易活跃时，"收益率—流动性—波动率"的动态关系会随之增强。

3. 实证分析结论

第一，无论是从市场交易量、交易价格波动还是从流动性指标 MH 值来看，均反映出集中履约现象的确存在于中国各试点碳市场之中，也即碳金融市场会出现集中交易。

第二，市场流动性会对市场效率造成影响。如何改善市场流动性成为促进碳市场健康发展必须解决的一个重要问题。

第三，碳价在市场属于比较重要的因素，并且在履约期中会对流动性造成一定的影响，控排企业等外生因素也会相互影响。本书主要是针对"流动性—价格"（即"流动性—收益率—波动率"）的关系进行实证分析，为现阶段碳市场流动性困境寻找有效解决办法提供理论支撑。

第四，通过动态关联面板 VAR 实证分析，研究表明碳市场收益率、波动率与流动性相互间影响比较明显，而且前两者对后者的影响最大。在履约窗口期，市场的活跃性较强，控排企业会出现交易集中的情况，还会导致内生因素的影响加深。

第五，实证分析表明，化石能源价格变动对碳市场流动性具有显著的影响。宏观经济环境变化与天气变化会通过对化石能源需求的变动间接影响碳配额需求，进而影响碳市场的流动性。

第六，综合实证研究结论，本书认为流动性受自身的影响较小，而受市场价格的影响较大。在履约窗口期，市场交易活跃，市场流动性有所增加，但是交易集中的现象说明仅依靠履约窗口期的交易并不能提高碳市场效率，达到降低减排成本的目的。收益率与波动率对流动性影响说明，在整个履约周期内，可以通过调节市场价格，调整收益率和波动率，以提高市场流动性，从而达到低成本减排的目的。

第四章　广州绿色金融发展及政策建议

　　广州作为中国改革开放的先行城市，应当发挥国家中心城市、综合门户城市和粤港澳大湾区核心引擎城市的主导作用，以生态优先、绿色发展为指导，加强生态文明建设，促进经济高质量发展，使广州成为一座更加绿色、更加开放、更有活力的美丽花城。

　　随着经济发展步入新常态，广州这座大都市同样面临着经济结构调整、产业转型升级、环境约束等多重压力，传统服务业亟待朝更加高端的现代服务业方向转型，先进制造业比重需要进一步提高，大气、水、土壤、垃圾等污染治理任务依然繁重。"十二五"之后，广州开始推动创新驱动发展的基本战略，通过社会经济与生态环境的良性互动，实现绿色发展，通过现代化的金融资源整合，实现了产业的调整和转型，在走绿色发展道路的过程中，取得了不错的成绩。

　　近年来，广州积极开展绿色金融改革创新，加强绿色金融研究，把绿色金融作为广州构建现代金融服务体系的方向和抓手，并纳入广州金融业规划予以重点推进。在《广州区域金融中心建设规划（2011—2020 年）》《广州市构建现代金融服务体系三年行动计划（2016—2018 年）》《广州市金融业发展第十三个五年规划（2016—2020 年）》《中共广州市委关于制定广州市国民经济和社会发展第十四个五年规划和二〇三五年

远景目标的建议》《广州市金融业发展第十四个五年规划》
等规划政策中，均将低碳金融、绿色金融作为重点工作进行
谋划。

第一节　广州绿色金融发展概况

一　广州绿色金融发展历程

从广州绿色金融政策演变历程来看，广州绿色金融发展大
致可以分为三个阶段：发展谋划期（2011—2016 年）、试点探
索期（2017—2019 年）、快速发展期（2020 年—至今）。

（一）发展谋划期

2011 年《广州区域金融中心建设规划（2011—2020 年）》
出台，提及要发展低碳金融，助力广州低碳产业发展，这可视
为广州发展绿色金融的政策起点。之后 2016 年《广州市构建现
代金融服务体系三年行动计划（2016—2018 年）》发布，对
"金融＋绿色生态"专项行动设置专题内容进行指导。同年发布
的《广州市金融业发展第十三个五年规划（2016—2020 年）》
也提出进一步促进金融与经济社会各领域的深度融合，增强金
融支持创新驱动发展、产业绿色发展。相关政策均是在大金融
范畴下发展谋划绿色金融有关领域建设，未能以独立政策进行
呈现，绿色金融发展整体仍处于摸索的阶段。

（二）试点探索期

在 2017 年 6 月广州获批成为全国首批绿色金融改革创新试
验区后，广州绿色金融发展提速，加快建立健全顶层设计，广
州市政府及花都区政府出台了大量以绿色金融作为独立主体的
政策，从政策框架设计、监管政策、激励约束机制等多方面出
发支持绿色金融的发展。相关政策包括《广东省广州市建设绿
色金融改革创新试验区总体方案》（2017 年）、《服务广州市花

都区绿色金融产业发展税收优惠政策汇编》（2017 年）、《广东省广州市绿色金融改革创新试验区绿色企业认定管理办法》（2018 年）、《广东省广州市绿色金融改革创新试验区绿色项目认定管理办法》（2018 年）、《广东省广州市绿色金融改革创新试验区绿色企业、绿色项目认定管理办法（试行）》（2019 年）等。广州以花都区为绿色金融先行先试的核心和起点，通过机制保障、产业集群、产品服务创新等举措打造绿色金融发展"广州模式"，极大推动了广州绿色金融的发展，激发了广州金融改革创新、促进绿色金融产业赋能的动力。

（三）快速发展期

2020 年，人民银行等四部门联合发布《关于金融支持粤港澳大湾区建设的意见》，意见强调依托广州绿色金融改革创新试验区，建立完善大湾区绿色金融合作工作机制，将"广州经验"推广至大湾区全域。广州作为全国绿色金融改革创新试验区之一，在绿色金融体系构建、基础设施建设、绿色金融产品开发等方面领先优势突出，广州在粤港澳大湾区中绿色金融中心地位不断凸显。在这一时期，广州绿色金融快速发展。一方面广州也着力聚焦绿色金融补短板、练内功，不断创新绿色金融产品及服务体系，在《广州市金融发展"十四五"规划》（2021 年）明确指出，要建设引领全国、影响全球的绿色金融发展创新高地。另一方面，在粤港澳大湾区一体化建设的背景下，广州也相继出台《广州市关于推进共建粤港澳大湾区国际金融枢纽实施意见》（2021 年）、《广州市现代金融业产业链高质量发展三年行动计划（2021—2023 年）》（2021 年），主要内容包括加快推进粤港澳大湾区金融市场互联互通，进一步完善产融结合机制，推动绿色金融区域一体化建设。

二　广州绿色金融改革创新试验区

（一）试验区设立过程

2017 年 6 月 23 日，国家七个部委联合发布《广东省广州市建设绿色金融改革创新试验区总体方案》，明确率先在广州市花都区开展绿色金融改革创新试验，探索建立与绿色金融改革和经济增长相适应的新的发展模式。该《总体方案》提出九项具体改革创新任务，包括绿色金融组织体系、绿色金融产品和服务、绿色产业、环境权益交易市场、绿色保险、绿色金融基础设施等在内的推动绿色金融发展创新举措。2017 年 9 月 20 日，广州市绿色金融改革创新试验区在广州市人民政府正式挂牌成立。广州市绿色金融改革创新试验区是中国华南地区唯一的绿色金融改革创新试验区，也是广州市首个经国务院批准建设的金融专项试验区。

2018 年 5 月，《广东省广州市建设绿色金融改革创新试验区实施细则》颁布，在细则中明确了自上而下的指导措施。

2019 年，《关于促进广州绿色金融改革创新发展的实施意见》颁布，提出要深化绿色金融改革创新，完善绿色金融市场体系，发挥粤港澳大湾区的带头示范作用。2020 年，《花都区支持绿色金融创新发展实施细则》颁布，对新设立或嵌入花都区的机构进行落户奖励、经营发展奖励、人才奖励和人才公寓的奖励等。

在花都试验区的带动下，截至 2020 年 6 月末，广州市绿色贷款余额约 3422 亿元，位居全国六省九地绿色金改试验区之首。广州碳排放配额成交量和金额都位于全国第一的位置，其中成交量 1.54 亿吨，占比达 38.70%；成交金额达 30.79 亿元，占比达 34.71%[①]。

(二) 试验区发展现状

广州绿色金融改革创新试验区，自成立以来，积极贯彻落实新发展理念，推动生态文明建设和绿色发展，不断探索绿色金融体制机制创新，努力建设绿色金融改革创新试验区，持续推进绿色金融发展，不断创新绿色金融产品与服务，探索绿色标准等，先行先试，推动绿色金融创新实践。经过近几年的努力，市场激励机制开始建立，政策扶持体系逐渐趋于完善，与国际社会的交流合作也在稳步展开，绿色金融改革创新的理念日趋成熟，干事创业氛围日益形成，初步形成一批可复制、可推广的创新改革经验，为今后更多试点地区建设提供了参考。

1. 绿色发展集聚效应明显

一是各类绿色机构发展迅速。2019 年末，区域内已成立的绿色机构多达三百余家。其中广州金融街 256 家，涉及资金 203.4 亿元，而且每年都会有超一百家的新绿色机构成立，其中 44 家机构的注册资金达到了 5000 万元以上，纳税额也达到了千万元以上。

二是金融贡献度大幅提高。由于大力引进绿色法人企业及将国有商业银行花都支行升级为绿色分行，2019 年全区实现金融业增加值 44.83 亿元，同比增长 8.2%。2019 年末，区域内的贷款余额达到了 2849.93 亿元，与前年相比增长率达到 13.06%，存贷比为 66.98%。企业的贷款余额为 507.75 亿元，增长 22.9%。其中，绿色信贷 179.24 亿元，占 35.30%，增长 38.17%，为区内 2300 家以及市内 200 多家企业提供绿色信贷方面的服务。

---

① 数据来源：《广东绿色金融拿下多个全国第一！上半年绿色贷款增 44.6%》，2020 年 7 月 27 日，碳排放交易网（http://www.tanpaifang.com/tanjinrong/2020/0727/72788.html）。

2. 金融服务实体经济成效突出

一是助推绿色产业发展提质增速。加大绿色信贷投放力度，大力支持绿色产业发展。2019 年，区内金融机构为绿色企业提供融资超过 120 亿元，融资利率低于一般企业贷款利率约 1 个百分点，其中区财政通过绿色信贷补贴为企业减负 1400 多万元。中国银行花都分行等银行共同为公交车电动化项目提供资金支持，用于更新纯电动公交车辆九千多辆，可减少 CO_2 的排放量达 65 万吨。截至 2019 年底，已发放贷款 31 亿元，广州市通过该项目于 2019 年 10 月获得在丹麦首都哥本哈根举办的 C40 城市气候领导联盟市长峰会 "绿色技术" 奖项。中国工商银行花都分行创新供应链融资助力新能源汽车发展，2017 年至 2019 年底累计为东风日产办理汽车供应链融资 21237 笔，总金额 493 亿元，融资利率 4.35%，累计为经销商减少财务成本 0.8 亿元。

二是缓解中小企业融资难、融资贵难题。引导金融机构创新金融产品，以多样化的产品满足中小企业资金需求。截至 2019 年底，全区中小企业贷款余额 225.50 亿元，同比增长 29.40%，为 6800 余户中小企业提供融资服务，占企业贷款余额的比重达 44.41%。中国建设银行花都分行推出针对中小企业的线上随借随还 "抵押快贷" 产品，1 天内可申请审批放款，帮助部分中小企业解决急需的流动资金，2019 年共向 827 户中小企业发放贷款 18 亿元。

三是支持传统产业绿色转型升级。持续优化信贷结构，引导金融机构有序退出高碳高污染行业或落后产能，支持城市更新改造，促进新兴绿色环保产业发展。例如，有的放矢，支持企业采用更加先进技术，减少环境污染，同时完成企业自身转型升级。支持传统产业园粗放经营模式改造，支持探索升级为战略新兴产业发展的绿色产业价值创新园。广州农商银行花都支行发放 5000 万元支持广东世腾环保包装科技有限公司升级先进的水性油墨印刷技术，实现企业生产经营绿色化。建行花都分行发放 4.4 亿元的基准利率绿色贷款支持将传统电子产业园改造为绿色产业价值创新园，以推动大数据、人工智能、智能制造、电子制造等绿色创新产业发展。

3. 绿色金融创新发展走在前列

一是支持体制机制改革创新，创新绿色金融正向激励机制，激发绿色发展活力。为绿色金融、绿色产业的发展提供"1+4"的保障政策，并为绿色信贷等产品提供相应的资金补贴。2019年发放绿色发展奖励超过 1.1 亿元，奖励企业和金融机构 1200余家次，其中绿色信贷补贴 1400 多万元、绿色保险补贴 300 多万元。在前期实践的基础上，对相关政策条款进行修订完善，进一步加大财政补贴力度，扩大财政扶持覆盖面，重点对省内区外的企业通过区内绿色支行获得绿色贷款给予财政补贴，从而极大推动区内绿色信贷业务发展，提升了试验区的示范作用。优化调整绿色企业和绿色项目认证机制。委托第三方认证机构制定了试验区绿色企业认定方法和绿色项目认定方法，并按照认证办法对试验区的项目逐一认证，最终选定项目 491 个，为金融机构开展绿色金融业务提供支持。创新绿色金融环境信息披露机制。推动广州银行、广州农商银行、创兴银行、广州证券、大业信托等首批参与环境信息披露试点的 5 家金融机构率先发起环境信息披露倡议，通过联名签署倡议书，并在"2019穗港澳金融合作推介会"发布。创新绿色信贷经营机制。推动区内银行机构制定差异化的绿色信贷管理和考核办法，优化绿色金融业务流程，完善绿色金融业务激励机制。目前绿色信贷经营机制正式落地实施，区内已有 14 家银行贯彻落实相关激励经营机制，在绿色信贷业务全过程落实相关制度，以激发金融机构推动绿色金融发展积极性。

二是创新发展碳金融的相关业务，提升绿色金融服务水平。

截至 2019 年底，广州市碳排放权交易中心总成交量达 1.39 亿吨，总成交金额超过 27.15 亿元，在中国 7 个试点市场中排名第一。形成一批可复制可推广试点经验向全省推广应用，例如与碳金融有关试点经验，包括碳排放权抵押融资标准和林业碳汇生态补偿机制，已经在全省推广，推动粤东和粤北地区建设"一市一平台"促进绿色金融发展。全省累计交易 9 笔碳排放权抵质押融资业务，融资金额 4835.62 万元，累计成交林业碳汇 211.66 万吨，成交金额 3237.82 万元。加快发行绿色债券。广州银行成功发行 50 亿元绿色金融债券，发行利率 3.65%。大力创新绿色保险。截至 2019 年底，全区投保安全生产责任险、环境污染责任险等传统绿色保险的企业共 2380 家，比 2017 年增长了 11 倍；创新试点"蔬菜降雨气象指数保险"等 4 个绿色农业保险产品；创新型药品置换责任保险，也就是过保质期的药品可以进行置换，在整个区域之中，为 83 家药店提供相关服务 2.6 万人次。推动设立绿色基金。恒健控股公司出资 50 亿元在花都区设立美丽乡村基金，发挥绿色金融支农作用，以投资岭南特色美丽乡村精品示范村为切入点，以基金模式联动政府和企业，以国有资本撬动社会资源，促进农村第一、二、三产业融合，实现绿色发展。建设绿色项目融资对接系统。基于省内的小微企业信用融资平台，构建绿色金融试验区融资对接系统，已有 2045 个企业和项目进行展示推荐，29 家企业进行绿色企业和项目申报与认证，发布 40 个绿色信贷产品，16 家企业可获得绿色项目贷款补贴。[①] 建立绿色认证机构库。制定《第三方绿色认证中介机构库管理办法》，该管理办法目的是为绿色项目或绿色企业提供绿色认证服务，确保企业和项目的绿色属性。绿色

---

① 2020 年 4 月 20 日，从广东绿色金融专业委员会获悉，在广州市花都区绿色企业和绿色项目的认定机制建设的基础上，广州市将完善绿色企业和绿色项目认定标准，将花都区绿色认定机制推广应用至广州市。绿色企业和绿色项目戴上"绿标"之后，将优先获得绿色金融支持。

认证服务机构包括香港品质保证局在内的七家国内外著名的第三方绿色认证机构。

4. 粤港澳大湾区绿色金融合作开局良好

一是推进产品服务创新。举办了花都区企业赴澳门发行绿色债券研究对接会，邀请中国人民银行广州分行、澳门银行公会等为区内企业介绍跨境融资政策、企业境外发债流程以及企业赴澳门发行绿色债券路径和要求。发挥香港品质保证局专业性和区域性影响力，为广州市绿色企业和绿色项目进行绿色认证。

二是推进建立常态化沟通机制。积极参加香港亚洲金融论坛、穗港澳金融合作推介会，吸引港澳地区的金融机构在花都区进行合作，并参与到绿色金融业务当中。和香港品质保证局签订了"推动绿色金融发展合作备忘录"。出席香港绿色金融协会举办的"拓展大湾区绿色金融新机遇"圆桌论坛并发言，重点介绍花都区绿色金融改革创新成果。积极响应央行货币政策委员会委员、香港绿色金融协会主席马骏倡议，与香港绿色金融协会、广州市地方金融监管局、深圳市地方金融监管局领导研究推进成立粤港澳大湾区绿色金融联盟。

三是推进绿色金融标准的有效对接。广州碳排放权交易中心等单位共同明确了碳排放权抵质押融资的标准，以此引导粤港澳大湾区相关业务的发展。积极与香港、澳门相关机构进行沟通，推动粤港澳大湾区内金融机构、行业协会、中介机构和政府部门等提高合作力度，构建粤港澳统一的绿色金融标准。

5. 金融风险防范措施到位

一是发挥金融风险防控平台功能，及时监测预警金融风险。依托广东省地方金融风险监测平台，运用大数据分析等手段，通过七大类非法金融活动风险模型，有针对性地对区内各类企业进行风险监测预警，实现了"主动发现—精准预警—深度分析—协同处置—持续监测"的全链条防控机制和闭环管理。
2019 年，通过监测平台排查区内重点企业共 16247 家，防范和
化解可能存在的风险隐患 6 个。

二是开展专项排查整治行动，及时处置金融风险隐患。
2019 年，全区开展非法集资风险专项排查整治 2 次，查处非法
集资案件 3 宗，涉嫌集资金额 2 亿多元人民币。扎实推进互联
网借贷平台进行规范整改，2 家按程序良性退出，1 家进行了业
务转型，1 家涉嫌非法集资已被取缔，目前全区无在营网贷平
台。重点领域的风险得到有效监管和处置，未发生网贷平台
"爆雷"、重大非法集资等风险事件。

三是加强金融风险宣传教育，提升群众金融安全意识。
2019 年，共发放宣传手册 10000 多份，张贴宣传海报 500 多份，
在全区 188 个村、55 个居委会、160 多个银行网点进行巡展和
宣讲超过 400 场次，群众合法投资理财及金融风险防范意识得
到提升。

三　广州试点碳金融市场发展

（一）广州试点碳排放权交易

2011 年 10 月 29 日，《国家发展改革委办公厅关于开展碳排
放权交易试点工作的通知》出台，2012 年 9 月，广东省人民政
府出台《广东省人民政府关于印发广东省碳排放权交易试点工
作实施方案的通知》，在此背景下，广州交易所集团旗下广州环
境资源交易所（2009 年 4 月完成工商注册）更名为广州碳排放
权交易中心有限公司（简称广碳所），并于 2012 年 9 月 11 日正
式挂牌营业，依法促进碳排放权、自愿减排等领域的发展，提
供主要污染物排放权交易服务，以及相关的投融资、咨询、培
训等配套服务。广碳所是国内七个试点城市交易所之一，也是
广东省人民政府唯一指定碳交易平台，是省内有偿发放碳排放

权配额及交易平台。

（二）广州试点碳排放权交易市场发展情况

2010年，广碳所的前身广州环境资源交易所抓住"绿色亚运"的契机，开展"广州自愿减排行动"，组织实施的"纤维厂剑麻加工废弃物转让"项目，实现成交价1.6亿元，比委托底价2900万元增值452%，成为国内产权市场首宗增值过亿元的环境资源类交易项目。

2011年，广州环境资源交易所协助兴业银行购买碳减排指标542吨，用于抵消兴业银行大厦在建造运营期间产生的部分碳排放。

2012年7月，广东省政府批复，同意广州碳排放权交易所注册设立，探索发挥市场机制作用，促进产业结构调整、区域协调发展和控制温室气体排放目标。

2013年1月，广碳所获得国家发展和改革委员会备案批准，成为首批认定的国家核证自愿减排量（CCER）交易机构之一。

2013年12月16日，广碳所举行中国首次一级市场碳排放配额竞价拍卖，300万吨配额售罄，总成交金额1.8亿元。12月19日，广碳所启动广东省碳排放权交易二级市场，首日交易创下中国碳市场的五个第一。

2013年，广碳所累计成交配额312万吨，总成交金额1.87亿元，其中，一级市场配额有偿发放300万吨，成交金额1.8亿元，二级市场成交12万吨，成交金额722万元。

2014年，广碳所累计成交配额1209.51万吨，总成交金额6.26亿元，其中，一级市场配额有偿发放1082.48万吨，成交金额5.6亿元，二级市场成交127.03万吨，成交金额6596.94万元。

2015年，广碳所累计成交配额829.36万吨，总成交金额1.51亿元，其中，一级市场配额有偿发放133.71万吨，成交金额 3670.19 万元，二级市场成交 695.65 万吨，成交金额 1.14 亿元；同年 3 月 9 日，广碳所率先实现核证自愿减排量（CCER）线上交易，CCER 累计成交 101.10 万吨，为碳排放配额履约构建多元化的补充机制。

2016 年，广碳所累计成交配额 2334.05 万吨，总成交金额 2.89 亿元，其中，一级市场配额有偿发放 100 万吨，成交金额 1128.5 万元；二级市场成交 2234.05 万吨，成交金额 2.78 亿元。CCER 成交 1908.92 万吨。同年 4 月，广碳所推出全国首个绿色金融平台"广碳绿金"。

2017 年，广碳所累计成交配额 1855.97 万吨，总成交金额 2.54 亿元，其中，一级市场配额有偿发放 100 万吨，成交金额达 1575 万元；二级市场成交 1755.97 万吨，成交金额高达 2.38 亿元。CCER 成交 784.45 万吨，居当年全国次席；广东省碳普惠制核证减排量（PHCER）成交 48.15 万吨。

2018 年，广州碳市场平稳运行，碳排放配额共计成交量 2127.98 万吨，总成交金额 2.66 亿元，同比增长 24.26% 和 14.73%；受国家核证自愿减排量（CCER）备案暂停及广东碳市场继续收紧使用 CCER 履约等影响，CCER 使用量大幅减少，2018 年 CCER 成交量 237.85 万吨，同比下降 69.68%。因省内 CCER 项目签发减排量较少，且主管部门暂停广东省普惠制项目备案，碳普惠核证自愿减排量（PHCER）交易呈量价齐升趋势，全年成交量 101.19 万吨，同比增加 110.14%，成交金额 1585.22 万元，同比增加 164.09%。从启动至今，广州碳市场配额累计交易量 8668.89 万吨，占总量的 31.97%，涉及的资金达 17.74 亿元，成为国内首个配额现货交易额突破 17 亿元大关的试点碳市场，助力广东控排企业履约率连续四年实现 100%。另外，2018 年，联合中国电力科学研究院、中国水电水利建设工程咨询有限公司和中国新能源电力投融资联盟共同成立了中国新能源资产投融资与交易平台。平台储备新能源项目类型包含集中式光伏项目、分布式光伏项目、风电项目、农光互补和渔光互补项目等，形成行业内较具规模的新能源项目库。

2019 年，广州碳排放权配额成交量 4538 万吨，达到 8.5 亿元，比 2018 年分别增长了 60% 和 142%，CCER（国家核证自愿减排量）成交量 906 万吨，成交金额 4659 万元，比 2018 年分别增长了 60% 和 242%，配额累计交易量及成交金额继续稳居全国首位。2019 年广州碳排放权交易所全力推进绿色金融体系建设。一是研究课题取得好成绩，先后中标英国商务能源与产业战略部、中国财政部、世界自然基金会的研究课题与项目。其中，"绿色发展背景下的我国碳排放权交易会计准则"项目荣获"国际会计准则荣誉 2019"奖项；二是新能投平台多途径拓宽渠道实现双突破。截至 2019 年底，新能投平台储备新能源项目共计 210 个，累计装机容量超过 2.3GW，覆盖全国 20 个以上省、直辖市、自治区。[①]

广州碳排放权交易所作为全国首批七个碳排放权交易试点之一，在 2013 年启动之后，六大行业的碳强度均开始减少，并且和 2019 年相比来看，已经实现绝对量减排，节能降碳、低碳发展也已成为普遍共识和社会风尚。

回望七年试点历程，广碳所不断发展壮大。从 2013 年起，二级市场碳排放权配额交易量逐年增长，截至 2019 年末达到 3784 万吨，相比 2013 年增长了近 31 倍。在 2013 年刚开始的时候，出现过连续 52 个交易日交易为零的情况，但是到了 2019 年，平均日交易量却飙升到了 10 万吨以上。在参与主体方面，已经从最初的 200 家碳控排企业，增加到了现如今的 1200 余

---

① 广州市地方金融监督管理局编：《广州金融发展形势与发展 2020》，广州出版社 2020 年版。

家,满足包括投资和公益等在内的各类业务需求。对于现货交易量,在2019年也已超过了EEX,位居世界前列。

(三)探索广州碳排放权期货交易

最近国家提出碳达峰、碳中和目标,是中国应对气候变化,走绿色低碳发展道路和推动经济高质量发展的战略举措。"十四五"时期是中国实现碳达峰的关键期。广东省提出全省碳排放达峰要走在全国前列,要在"十四五"时期努力实现碳排放达峰。广州作为粤港澳大湾区核心引擎城市,应在如何加快推动绿色低碳发展,强化温室气体排放控制,从而实现碳排放率先达峰上积极作为。

1. 探索广州碳排放权期货交易具有重大意义

广州已经在减少温室气体排放,推动经济社会低碳绿色发展上取得显著成效,以绿色金融改革创新为抓手积极践行绿色发展理念。广州是国内最早一批启动碳交易试点的城市,在碳金融业务方面积极推动产品和服务创新。2020年末,广州的碳排放权成交量已超1.69亿吨,涉及金额超34.89亿元,占全国碳交易试点的38%,继续位居全国第一。下一阶段,广州应以建设广州期货交易所为契机,探索广州碳排放权期货交易。

建设广州碳排放权期货市场,是对国内碳交易市场的有效补充和完善,是以市场化手段实现低成本减排助力碳达峰的重要举措,将有助于中国提高碳资源定价影响力,有助于建立符合国内需求、对接国际规则的碳市场体系。

2. 探索广州碳排放权期货交易具有可行性

首先,政策支持广州建设碳排放权期货交易市场。《粤港澳大湾区发展规划纲要》明确提出,支持广州绿色金融改革的发展,建立以碳排放权为第一品种的创新型期货交易所。这说明,建设碳排放权期货交易市场已经成为广州下一阶段推动绿色低碳发展的战略目标。其次,在国际上,相对成熟的碳交易市场

体系均是从碳现货发展到碳期货。最为重要的是，随着实现碳
达峰措施的落地以及国内统一碳现货市场的发展，实体企业对
碳期货的需求将逐渐显现而且潜力巨大。

3. 推动广州碳排放权期货交易发展建设重点

一是推动广州碳排放权期货交易市场，以标准合约设计为
重点。可以借鉴欧盟碳排放交易体系的碳期货合约设计经验，
结合国内碳现货市场发展情况，综合考虑包括基本要素、风险
控制要素、交割要素等，对碳期货标准合约进行设计，如表 4 -
1 所示。

表 4 - 1　　　　　　　　　　碳排放权期货标准合约

交易品种	中国碳排放配额
交易代码	CEA
交易单位	1000 个 CO_2 排放配额/手（1 个配额 = 1 吨 CO_2）
报价单位	元/吨
最小变动价位	0.05 元/吨
涨跌停板幅度	±5%
最低交易保证金	6%
合约交割月份	季月，即 3 月、6 月、9 月、12 月
最低交易日	遵循所在上市交易所的规定
交割日	遵循所在上市交易所的规定
交割方式	实物交割

二是定价设计是建设广州碳排放权期货交易市场最为关键
的因素。建议采用技术分析来预测碳期货价格。根据期货原理，
期货到期价格会趋同于当期价格，因此，通过技术手段可以预
测未来现货价格，也为期货定价奠定了基础，特别是对尚不成
熟的国内碳市场。

三是积极构建广州碳排放权期货交易市场监管体系和市场支持保障体系。根据期货风险理论，期货交易风险包括市场风险、信用风险和交易风险，碳期货市场监管应以维护市场秩序、防范风险、保护交易者合法利益为目标，促进市场健康发展；基本原则应包括：在政府监管的基础上，除自我监管外，政府应主要运用市场宏观管理的法律法规，充分发挥市场自我调节的功能；应与现行规章制度紧密结合，完善碳期货交易监管；通过中国证监会在市场中的行政监管，再加上自主管理，不断完善整体监管体系。同时还应积极构建碳期货市场保障支持体系，特别是要在宏观层面保障相关制度的延续性和稳定性，积极扶持碳中介组织服务机构发展和培养碳期货专业人才等。广州作为地方，应积极协助各级管理部门监管和碳减排核查。

四　广州绿色金融创新实践典型案例

广州绿色金融的快速发展与其在绿色金融领域的创新实践密切相关，下面简略介绍广州绿色金融相关创新实践典型案例。

（一）全国首单绿色金融支持生猪养殖"保险＋期货＋银行"项目

2021年1月8日，全国首单绿色金融支持生猪养殖"保险＋期货＋银行"项目在广州花都落地。该项目由三家金融机构中国人保财险广州市分公司、建设银行广州分行、建信期货广州营业部共同为广东省重点农业龙头——花都区企业广州市天生卫康食品有限公司提供"生猪价格保险＋保单项下融资"一揽子服务，构筑价格波动防线和融资增信底线。该项目最大的亮点是在"保险＋期货"基础上，引入银行融资服务（通过购买保险锁定销售收入，然后申请贷款用于生产经营）。在这种模式下，生猪养殖企业向人保公司投保生猪期货价格保险；保险公司购买被保险人的期权，向建行期货转移风险；期货公司利用期货市场对冲相应商品的价格风险；建行以客户经营为基础，在保额范围内为生猪养殖企业提供贷款支持，最终形成从价格风险到融资贷款支持的闭环支农体系。

生猪养殖"保险＋期货＋银行"项目通过以绿色金融为引领，创新保险、期货、银行联动支持的新模式，是绿色金融与农业养殖相结合的一次有益探索。既能为生猪养殖企业提供有效的避险和套期保值工具，缓释"猪周期"引发的市场波动风险；又能为企业增信，提升生猪养殖企业获得银行信贷的能力。花都区将以此次业务落地为新起点，进一步拓展绿色金融支持范围，让更多行业享受绿色金融改革创新带来的实惠，为广州绿色发展创造更多改革创新经验。

（二）公益林碳普惠项目入选自然资源部"生态产品价值实现"典型案例

2020年12月4日，自然资源部公布了《关于生态产品价值实现典型案例的通知》（第二批），"广东省广州市花都区公益林碳普惠项目"为广东省唯一入选案例。

花都区地处广东省广州市北部，拥有丰富的林业资源，被称为广州市的"北大门""后花园"。为打通绿水青山向金山银山的转化通道，促进生态产品价值实现，花都区依广东省碳排放权交易市场和碳普惠制试点，选取梯面林场开发公益林碳普惠项目，通过林资源保护，提高了森林生态系统储碳固碳的能力；通过引入第三方机构核算减排量、网上开竞价等措施，将无形的森林生态系统服务价值转化为有形的经济效益，构建了政府市场 向发力、多方参与共赢的生态产品价值实现机制，促进了经济效益与生态效益的同步提升为其他地区建立碳减排激励机制，推动社会经济绿色发展提供了有益借鉴。

政府主导，提供基础数据和制度保障

首先是制定林业碳普惠方法学和基础数据。2017年，广东省公布了公益林、商品林项碳普惠方法学，以反映广东省林业经营普遍现状的平均水平监测数据为基准值，采用林业门森林资源二类调查数据或森林资源档案数据进行核算，将优于全省森林平均固碳水平的汇量作为碳普惠核证减排量的计算依据。

其次是制定林业碳普惠交易规则。2017 年，《广东省碳惠制核证减排量交易规则》出台，对交易的标的和规格、交易方式和时间、交易价格涨跌幅度资金监管、交易纠纷处理等进行了明确规定，同步建成了广州碳排放权交易所碳普惠制核减排量竞价交易系统，为林业碳普惠项目实践奠定了基础。

保护优先，提升生态产品供给能力

为保护和恢复梯面林场及周边区域的自然生态系统，林场实行了最严格的林地和林木源管理制度，停止了商业性林木砍伐，做好生态公益林和其他林地养护，积极开展防火带设、防火设施添置、防火员技能培训等林地保护项目，着力提升森林抚育水平和生态产品量。

同时，积极推动广州市首个林业碳普惠项目，探索生态产品的价值实现路径。通过正案例教育，激发群众和林场干部职工保护生态环境的意识及行动自觉。

第三方核算，明确碳减排量

花都梯面林场有 1800 多公顷生态公益林，为了核算该项目2011—2014 年间产生的林业碳汇减排量，2018 年 2 月，邀请第三方认证机构——中国质量认证中心广州分中心，根据省林业碳汇管理制度，详细计算该项目林业碳汇核证减排量，并重点核实了林场内森林生态系统碳汇量优于省平均值的情况。核算结果显示，梯面林场项目区年平均碳汇增长速率超过 5.0 吨二氧化碳当量/公顷，于全省公益林 3.3247 吨二氧化碳当量/公顷的平均水平；扣除全省平均值后，项目区 20112014 年间共产生林业碳普惠核证减排量 13319 吨二氧化碳当量。经省主管部门审核后，上述减排量被发放至梯面林场的碳排放权登记账户，可在广东碳市场自由交易。

市场化交易，显化生态产品价值

广东省是首批开展碳排放权交易试点的地区之一，广东省每年设定碳排放配额总量，分配给纳入控制碳排放范围的企业，企业的实际碳排放量一旦超过配额，将面临处罚。控企业可以通过购买碳排放权配额或自愿减排核证减排量等方式抵消碳排放量，前者一般由业通过技术改造、节能减排等方式获得，后者一般通过购买林业碳汇、可再生能源项目减量等方式获得，但企业购买的自愿减排核证减排量不能超过全年碳排放配额的10%，由此形了一个以碳排放权交易市场为基础的碳汇交易机制。按照广东省碳普惠制核证减排量交易则，梯面林场委托广州碳排放权交易所，于2018年8月举行了林业碳普惠项目的竞价。

根据竞价公告日的前三个自然月广东碳市场配额挂牌价加权平均成交价的80%，确定该目竞价底价为12.06元/吨，广州碳排放权交易所内具有自营或公益资质的个人和机构会员可以自由参与竞价。经统计，共有10家机构和个人会员参加竞价，最终成交价格为17.06元吨，溢价率超过40%，总成交金额22.72万元，成为广州市首个成功交易的林业碳普惠项目2019年6月，该林业碳普惠核证减排量由广州市一家企业购得，并用于抵消其碳排放配额。

花都梯面公益林碳汇项目成果实施，说明市场化手段可以盘活绿色资源资产。由于公益林"公共"属性和砍伐受限的特殊性，公益林管护主体每年只能获得固定的补偿款，不能将业资产用于流转和抵押融资，一定程度上限制了保护主体的积极性和森林资源资产的有效用。花都区梯面林场公益林碳普惠项目在不影响公益林正常管护的前提下，利用其资源基开发碳普惠交易，充分显化了森林资源所提供的固碳释氧、减缓气候变化等公共性生态产的价值，依托碳排放权交易市场体系和碳普惠机制，采取市场化方式将其转换为经济效益有效盘活了"沉睡"的自然资源资产，实现了森林生态系统的生态价值。

与此同时，该项目实现了"政府＋市场"模式下的多方共赢。碳普惠项目是政府与市场向发力、共同促进生态产品价值实现的典型模式，在实施过程中，参与各方都实现了预期标，实现了多方共赢。控排企业作为购买方，降低了企业的减排成本，实现了预期的碳排目标（通常碳汇价格低于碳排放配额价格），同时通过参与节能减排等活动，彰显了企业会责任和品牌价值；森林经营部门作为销售方，借助碳交易市场获得了一定收益，有助于进其从关注数量转向关注质量，进而激发森林经营主体抚育公益林、保护自然、修复生态方面的积极性；政府作为监管方和制度供给方，促进了林业资源的有效保护和质量提升，强了生态产品的供给能力，同时也为生态良好地区如何推动公共性生态产品的价值实现提了可推广借鉴的模式。

（三）绿色金融支持毕节织金帮扶项目获全国脱贫攻坚表彰

广州市花都区认真贯彻习近平总书记关于脱贫攻坚重要指示精神，积极发挥国家级绿色金融改革创新试验区政策优势，推动区内绿色分行创新模式支持区内企业帮扶贵州省毕节市织金县扶贫项目，精准助力脱贫攻坚工作。2021 年 2 月 25 日，在北京人民大会堂隆重举行的全国脱贫攻坚总结表彰大会上，花都区对口帮扶地区织金县农耀农业开发有限公司（以下简称"农耀公司"）获得全国脱贫攻坚先进集体荣誉称号。

1. 项目情况

贵州省毕节市织金县是东西部协作广州花都区对口帮扶地区，花都区民营企业广州耀泓生态农业开发有限公司（以下简称"耀泓公司"）积极响应国家脱贫攻坚工作，于 2018 年 5 月在贵州省织金县注册成立农耀公司，带动当地农民脱贫。

贵州的地理位置比较特殊，属于喀斯特地貌，无法大量存储水分，这就造成当地的水资源匮乏等问题，很难种植价值较高的农作物。南瓜对于土壤的要求并不是很高，而且能够实现量产，再加上易储存等优势，开始成为提升农民收益的重要农作物。农耀公司根据贵州自然条件培训当地农民大量种植南瓜，并通过农产品加工、大棚固定分红和就近就地就业的方式带动农民脱贫。该公司在织金县的五星村蔬菜大棚种植示范基地是粤港澳大湾区"菜篮子"备案基地，经营蔬菜种植大棚 529 个，每一个蔬菜大棚对应一个建档立卡贫困户，带动着当地 529 户贫困户共 1796 人通过劳动创收。

由于疫情原因，2020 年的生鲜销售和出口业务受到了很大影响，农耀公司计划把库存的南瓜等蔬菜进行冷藏、深加工，拟建 10 万吨冷库项目和一体化建设蔬菜脱水初深加工园区，打造集生产、初深加工、冷链物流及销售一体化产业化经营模式。由于农业企业普遍存在抵押物不足等问题，农耀公司面临融资难、融资贵等困境。

2. 具体做法

一是强化组织协调，多部门跨地区联动。为强化对农耀公司金融服务，花都区金融局成立金融支持东西部扶贫协作和扶贫开发工作领导小组，精准帮扶的组织领导和统筹协调。及时向织金县相关部门了解农耀公司发展情况和企业融资需求，向区内金融机构推送企业实际情况。积极发动区内绿色分行创新一对一的金融服务和产品，参与金融助推脱贫攻坚行动，进一步精准帮扶企业的扶贫项目。

二是深入实地调研，掌握项目第一手情况。为切实掌握农耀公司在织金县的项目情况和经营发展过程中的实际难题，2020 年 7 月，花都区金融局与区东西部扶贫协作工作队、区内绿色分行等单位负责人组成工作组，赴贵州织金县实地考察农耀公司 10 万吨冷库项目、一体化建设蔬菜脱水初深加工园区。在织金县政府大力支持下，织金县经贸、国土等部门与花都区工作组、农耀公司召开项目分析会，深入分析工作进展情况及抵押物不足等存在问题，进一步协调解决农耀公司产业扶贫项目经营发展中存在的困难，提出切实解决企业融资难题的具体措施和实施路径。

三是创新金融服务，实施精准帮扶。花都区鼓励区内绿色分行积极争取上级行支持，创新金融服务支持对口帮扶地区项目，简化对口帮扶项目审批流程。金融机构和担保公司结对服务帮扶农耀公司，同步实现尽职调查、信息共享，开辟绿色通道，缩短了传统担保业务的审批流程，破解农业项目抵押物不足融资难等问题，加快项目落地投产。

3. 实践效果

2020 年 7 月，花都区内绿色分行与耀泓公司成功签订了合作协议，授信 2000 万元信用贷款，以便企业统筹自有资金用于农耀公司冷库和加工园区项目，企业发展进入快车道。农耀公司新项目自投入运营以来，就帮助解决群众就业 400 余人，且就业人员每月平均可以获得 3500 元收入，并与织金县人社局联合建立了"织金县技能技术培训基地（南瓜产业）"，2020 年末，农耀公司产品南瓜面条等农产品以绿色、环保、味佳等优点被列入扶贫产品销售目录进入万千百姓家，为企业带来了稳定的销售收入。公司生产南瓜条、南瓜粒、南瓜粉、南瓜面条等南瓜加工产品，产品除了销往国内外，还大量出口日本、韩国、新加坡、越南等国家。

绿色金融有力支持脱贫攻坚和乡村振兴战略，实现产业扶贫、就业扶贫和消费扶贫。之后就是花都区利用试验区的优势，促进绿色金融与扶贫协作相结合的模式，着力培育帮扶地区

"造血"功能，增强地区内生发展动力。

（四）绿色金融与绿色建筑 推动粤港澳大湾区高质量发展

为全面贯彻习近平新时代中国特色社会主义思想，树立创新、协调、绿色、开放、共享的新发展理念，逐步实现碳达峰目标与碳中和愿景，加快落实《粤港澳大湾区发展规划纲要》，2021年2月8日，香港特区发展局、香港建造业议会与广州市花都区金融局以视频连线方式共同举办绿色金融与绿色建筑推动粤港澳大湾区高质量发展专项研讨会。

香港发展局首席助理秘书长林达明、香港建造业议会执行总监郑定宁、中节能皓信（香港）总经理杨巍，以及广州市花都区金融局、区住建局、中国建筑集团四局一公司、招商银行花都支行和智度供应链金融公司主要负责人参加研讨会，积极探讨全方位支持绿色金融发展，完善绿色金融服务体系，引导金融资源更多投入到绿色建筑等绿色领域，以保障相关资金能够顺利进入到绿色领域。

花都区相关企业和机构负责人分别介绍了绿色建筑研究院和装配式建筑产业园区规划和建设情况，围绕核心建筑企业上游中小企业代理支付金融创新服务，以及智度供应链金融发挥区块链底层技术优势创新"区块链＋供应链金融"业务模式等具体做法。

第二节　广州绿色金融发展的成效、创新与挑战

一　广州绿色金融发展的成效与创新

广州牢牢把握重大机遇，以习近平总书记关于绿色发展的重要指示精神为根本遵循，牢固树立和践行"绿水青山就是金山银山"新发展理念，推进生态文明建设，以创新金融产品与服务促进绿色发展为主线，以体制机制创新为重点，不断完善

绿色金融服务体系，全面推进广州绿色金融改革创新试验区建设获得相应的成就，并且在《地方绿色金融发展指数与评价报告（2019）》中，广东的排名提升了1位，成为全国第一。中国人民银行总行2019年7月《绿色金融改革创新试验区评估报告》中对广州试验区的建设成效给予高度肯定。

（一）完善绿色金融发展机制

一是建立积极的绿色金融激励引导机制。出台"1+4"等相关配套政策，推动绿色金融支持绿色产业发展。明确从2017年起，区财政的专项扶持资金需求始终保持在10亿元以上规模（包括补贴、补偿等方式），鼓励绿色企业或项目到花都落户，支持绿色产业发展，激发企业开展绿色业务积极性。将高层次绿色金融人才纳入人才目录，对高层次绿色金融人才设专门的奖励政策；2019年新修订的《关于支持广州区域金融中心建设的若干规定》专门增加了绿色金融的相关内容，将绿色贷款和绿色债券等纳入金融业扶持补贴范围；中国人民银行广州分行充分利用再融资、再贴现等手段，支持广州金融机构拓展绿色信贷。

二是制定绿色企业、项目的认证标准。绿色金融标准体系主要是对绿色金融产品和服务提供指导，也是全面统计绿色金融和实施激励约束政策的重要依据，是维护绿色金融市场规范运行的重要保障。2017年以来，《广州市绿色金融改革创新试验区绿色企业和项目库管理办法》等政策的出台，使绿色金融相关的财政等扶持机制不断完善，并为金融市场投资提供了相应的参考。

三是不断促进绿色金融组织体系的发展。不断出台各项新的举措，支持设立绿色金融专营机构。支持广东省法人金融机构设立绿色金融事业部，绿色金融专营机构可以由法人机构总部直辖，如支持银行机构设立绿色分行或绿色支行，推动各类银行机构配备绿色金融专业业务团队，提高绿色金融服务的专业性和针对性。支持证券、基金、保险、信托、金融租赁等金融机构和金融控股集团、地方资产管理公司在广州探索设立绿色金融事业部、分支机构或办事处，增强绿色金融产品和服务的多元化和特色化。支持地方监管的金融机构开展特色绿色金融业务。目前，工、农、中、建四大行已将花都支行升级为绿色支行。中国建设银行在花都区建立了第一个绿色金融创新中心。广州银行、兴业银行、浦发银行设立了绿色金融业务部。人保财险在试验区设立保险产品创新实验室，开发绿色保险新产品，并在试验区进行试点推广。

（二）夯实绿色金融发展基础

一是建设绿色项目融资对接系统。以广东省企业信用、融资信息平台为基础，完善试验区的融资对接系统，基本上搭配在线申报、认证、产融对接、统计分析等功能，实现对绿色企业与绿色项目信息化智能化管理。目前已有 550 个企业和项目纳入该系统，解决了金融机构和绿色企业、项目信息不对称、期限错配等问题，建立绿色项目清单管理。

二是营造良好营商环境。立足于广州绿色金融街建设"一站式"综合政务金融服务中心。重点打造"人工智能＋机器人"系统，依托强大智能化自动化管理模式，为广州绿色金融改革创新试验区的企业和项目，提供高效的、全天候的、无纸化的、无预约的工商登记等"一站式"综合政务金融服务。

三是促进绿色出行模式的发展。现如今，广州的四千辆公交车都可以通过支付宝等方式进行购票，而且地铁全部可以使用移动设备完成支付。

四是举办金融支持绿色项目的对接会。通过政策引导，让资金能够精准对接绿色项目的融资需求，对接融资金额合计达千亿元，其中，广州市公交集团通过绿色项目融资对接会，与建设银行花都分行达成了融资协议，其公交车电动化项目获得20亿元绿色信贷支持，目前已投放14亿元。

（三）创新绿色金融产品和服务

一是集聚绿色金融专营机构。发挥市场机构的主体作用，完善金融机构组织体系。推动五大国有商业银行工、农、中、建、交将花都支行升级为绿色分行。市属法人银行广州银行积极响应，敢于作为，率先成立了绿色金融事业部。另外，中国建设银行花都支行也在试验区设立了绿色创新中心，创新推出多个绿色金融产品。其次建行花都分行在绿色信贷领域实现多个首创，推出广州绿色金融改革创新试验区首笔碳排放权抵押贷款、为国内上市企业提供首笔碳排放权抵押融资，首创"绿色e销通"网络供应链融资产品，首创绿色"电桩融"产品支持新能源汽车充电站发展。工商银行花都分行推出"税易通"信用贷款产品，帮助部分中小企业解决无抵质押物的难题，累计为553户中小企业提供2.07亿元的绿色信用贷款。广州黄埔区于2020年4月推出"绿色金融10条"，多项措施为全国首创。①

二是探索推出绿色保险产品。支持保险公司积极创新及时开发绿色保险产品。选取比较典型的企业作为试点，如广州宝旺农副产品有限公司试点"绿色产品食安心责任保险"等保险产品，这些产品都是针对绿色农业提出的，而且还在国内率先推行了药品置换责任保险，支持人保财险在试验区探索碳金融保险产品，在试验区尝试推出建筑设施缺陷险。

---

① 2020年4月20日，广州黄埔区、开发区出台《广州市黄埔区　广州开发区促进绿色金融发展政策措施》（以下简称"绿色金融10条"），发力绿色经济建设。"绿色金融10条"围绕"机构、产品、市场、平台、创新"五大维度，从绿色金融组织机构、绿色贷款、绿色债券及资产证券化、绿色保险、绿色基金、绿色企业上市挂牌、地方金融机构绿色业务、绿色金融风险补偿、绿色认证费用、绿色金融创新等10个方面落笔，提出22项具体措施。

　　三是发挥资本市场作用促进绿色金融发展。支持广州的绿色企业在全世界范围内融资筹资，例如，维港环保科技在香港进行上市。通过绿色债券等市场化方式拓宽融资渠道。广州地铁发行全国首单地铁票款资产证券化债券 50 亿元，广东华兴银行、广州银行分别发放 50 亿元的绿色债券，还有广州发展集团发放 24 亿元的企业债券。扶持广东股权交易中心设立绿色环保板，促进区域性股权市场的发展，为绿色初创企业以及小微企业的发展提供有力支持。截至 2019 年，已经在绿色环保板挂牌的企业数量达八十余家，涉及资金超 9.85 亿元。

　　四是稳妥开展碳金融创新。目前广州碳交所的碳配额现货交易量超过了八千万吨，金额超 17 亿元。广州的成绩在全国的 7 个试点之中名列前茅。下一步，为深化碳交易试点创新，碳排放权抵押融资和林业碳汇等需要进行大胆探索，为提升碳市场减排效率提供更大的可能，同时，联合香港、澳门等绿色金融发展先进地区，共同研究制定广东、香港、澳门碳排放抵押业务和林业碳汇业务标准。

（四）加强绿色金融交流合作

　　开展绿色金融交流与合作，借鉴国内外先进地区创新举措，加快推动试验区绿色金融发展。一是通过与金融领域国内外专家学者，金融业从业者进行交流与合作，共同探讨绿色金融创新发展。如积极举办第 14 届、第 15 届、第 16 届国际金融论坛全球年会、中国（广州）国际金融交易会和中美金融研讨会等。二是在国内外积极宣传推介广州绿色金融创新举措。着重宣传广州的绿色金融创新试验区，吸引绿色金融领域领先企业落户花都，推动绿色金融发展。如 2019 年 1 月，在香港亚洲金融论坛会上，广州的金融监管局和香港品质保证局建立合作关系。港穗两地不仅签署绿色金融合作备忘录，加强粤港澳大湾区绿色金融机构与广州的联系，加强合作，同时还签订了大湾区环境信息披露倡议，积极推动大湾区绿色发展。三是参与到中国人民银行研究局等主体举办的活动之中。四是和中国绿金委等组织进行了联合，成功举办了绿色金融成果巡回展览，将绿色金融的整改成果推广到全社会。

（五）建立绿色金融风险防控机制

广州市把风险防范摆在重要位置，加强和改善绿色金融监管。一是完善绿色信贷等业务的统计方法，对行业、区域、国内外对比及发展趋势预测，提高金融机构对绿色金融业务的风险评估及风险防控能力。二是由于绿色金融还处于探索阶段，为了防范绿色信用风险，需要积极探索监测和识别绿色信用风险，并对金融机构开展压力测试，及时跟踪和评估绿色信用风险，以便及时掌握绿色金融发展态势和信用风险状况。三是探索绿色信用风险补偿机制，制定相关标准，给予一定比例的绿色金融业务风险补偿。四是央行已将绿色金融纳入宏观审慎评估，为了积极配合央行等监管部门，积极引导本地区金融机构审慎开展绿色金融业务，并做好风险防控。五是探索绿色金融自律机制，规范绿色金融发展。加强与省金融风险监测平台合作，共同探索绿色金融风险防控机制，建立实时高效的风险监测管理信息系统，将区域内企业和金融业务信息录入监控平台，分类检测，实时跟踪和分析风险敞口，及时高效处置和化解风险。

二　广州绿色金融发展存在的困难与挑战

广州绿色金融经过最近几年快速发展，取得成效显著，呈现出相关扶持政策精准有效，绿色金融组织体系初步形成，产品和服务创新持续探索，市场规模不断扩大。当前，国内外经济环境复杂多变，新冠肺炎疫情仍未结束，各国都在控制疫情与恢复经济发展上积极努力。广州依然面临着环境问题制约，碳达峰碳中和任务繁重，同时也要促进产业升级调整经济结构实现经济高质量发展，持续推动广州绿色金融发展仍面临诸多困难和挑战。

（一）绿色发展意识较淡薄

绿色金融发展并非某一方的努力就可以完成，而是需要多方面力量达成一致的认识、共同努力才能够完成的浩大工程。广州市政府层面为贯彻落实该理念不遗余力，但当前各部门对此并没有一个统一的认识，也没有对绿色金融给予高度认可和重视。作为推动绿色金融的主体机构，大部分金融机构在治理和执行层面还存在推动绿色发展和加强环境保护意识淡薄，绿色金融体制机制创新缺乏动力等问题；绿色金融人才储备不足，也制约了绿色金融发展。

（二）政策法规体系不完善

从绿色金融的发展历程来看，广州市加大了绿色金融发展的力度，强化了顶层设计，先后出台了一系列支持绿色金融发展的政策，但这些政策实施效果并不理想，原因是这些政策仅仅是部门指导规章制度，并没有法律保障，在落实层面缺乏约束力。一是在现有的政策当中，对金融监管机构、金融机构等主体的权利责任界定不明确，各部门之间的权利责任归属不明确，这使得相关政策在具体实施过程中被层层弱化，相关政策的实际执行效果大大降低。二是目前的政策激励机制仍以直接的资金补贴为主，且金额有限，不能充分调动机构投资者投资绿色产业的积极性。三是中国的环保等法律政策存在一定的漏洞或空白，政策内容还需要继续补充或完善。在环保信息方面，也还不透明，在具体的领域、项目等方面，政策的实施经常会出现各种各样的问题。对于环保违规信息的发布，并没有形成明确的模式，且政策执行缺少连贯性，至今都没有办法形成一整套健全的绿色金融机制。

（三）绿色金融市场体系不健全

广州绿色金融发展的市场体系仍不够完善。首先，一个完善的融资市场体系，需要直接市场以及间接市场组合而成的，而目前广州绿色金融的发展只有一小部分银行作为参与主体，据不完全统计，现在大约只有少数几家银行分设了专门的绿色分行，而更多的情况是很多银行都没有专职的绿色金融人员负责绿色金融业务板块。其次，提供流动资金贷款、项目贷款等形式的融资（银行融资方式属于间接市场）的机构总量仍较少，类似绿色证券等其他直接市场的金融融资产品仍为数不多。且大部分金融机构其行动也仍只是部分经营层面的要求，缺乏对绿色金融发展的整体战略部署及规划，也没有明确相关的企业文化及人才、政策制度的准备，缺乏对绿色金融发展的约束激励政策。与此同时，绿色金融对于金融机构来说也是一个全新的领域，还没有完全成熟的经验可以借鉴，缺乏对绿色专业领域的技术支持。总体来说，整个绿色金融市场体系还存在很大的发展空间。

（四）激励及约束机制仍缺位

"绿色"本身就是公共产品的一种类型，只有完善激励机制，才能够提高企业绿色发展的内在动力。但广州推进绿色金融机制发展的激励机制仍不够完善。主要靠政府贴息、补贴等政策来提高绿色产业的经济价值，支持力度相对较小，且由于申请贴息的手续较为复杂，导致数量大、涉及面广的中小型企业无法享受到绿色金融相关政策所带来的红利，未对金融机构、企业形成有效的激励效果。此外，广州绿色金融的约束机制也有待完善。国内外实践表明，推行环境污染责任保险在促进绿色金融发展方面非常重要，但在实际发展中，推动环境污染责任保险发展并非易事。在实施环境污染责任保险的过程中，需要有法律的支持，但是实际上法律依旧是以激励为主，对于环境侵权的行为缺乏有效监管，环境污染责任主体的侵权责任不明。企业因环境污染而受到的处罚成本较低，不会影响到企业太大的经济效益，很多企业普遍存在侥幸心理。同时由于体制机制不完善，约束力不足，现有绿色金融标准被采纳范围有限，并不能覆盖所有融资渠道，例如虽然银行金融机构在提供融资时采用绿色信贷标准，但企业依旧可以利用其他金融机构完成贷款等服务。其他没有强制执行绿色金融标准的金融机构，基于自身理性选择和利益最大化目标，仍会对有些绿色界定比较模糊甚至还会破坏环境的项目提供融资支持，由于缺乏明确制度约束，这些无法界定或粉饰伪装成绿色的项目或企业自身也有动力通过各种手段获取融资，从而阻碍了绿色发展。

（五）信息共享与披露机制不完善

实践表明，信息共享与披露是绿色金融发展的基础。推动绿色金融业务开展，需要监管部门、金融机构与企业之间共享绿色发展政策、遵循统一的绿色信息披露标准、严格执行环境法律法规等。但由于广州绿色金融信息共享与披露机制不完善，信息披露标准不统一，导致各个项目或企业基于自身利益选择性披露信息问题频发，从而增加沟通协调成本，制约绿色信贷、绿色债券、绿色保险等业务的发展。另外，因信息披露质量参差不齐，会导致无法评估和识别有绿色投资价值的项目或企业，也限制了绿色投资发展。企业或项目环保信息数据共享机制不健全，同样会增加搜寻和识别绿色项目成本，对有序开展绿色金融业务产生不利影响。

（六）专业人才缺乏智力支持不足

推动绿色金融发展是一个非常复杂的事情，要坚持政府和市场相互配合与协作，需要广大人民群众广泛参与，更需要大量的拥有绿色金融专业知识的高层次复合型人才智力加持，以解决绿色金融发展过程中的问题。不过因起步较晚，发展缓慢，导致广州绿色金融专业人才非常缺乏，严重制约了广州绿色金融发展步伐。此外，人才培养需要时间，短期内难以改变现有的绿色金融人才匮乏局面。与传统行业相比，绿色金融业属于新兴交叉性行业，涉及的专业技术十分复杂且处于不断更新中，人才标准呈现高素质、复合型特征，而广州相关专业人才缺乏，智力支持不足问题凸显，已经严重影响了广州绿色金融发展。

第三节　广州促进绿色金融发展的对策建议

"十四五"时期，广州绿色金融发展仍处于重要战略机遇期，要积极落实国家关于碳达峰碳中和重大决策部署，深化广州绿色金融改革创新，推动金融全力支持绿色发展，不断完善绿色金融政策体系，加大绿色金融产品与服务创新力度，引导绿色信贷、绿色债券、绿色保险、碳金融等创新发展，建立健全绿色金融信息披露机制、构建绿色金融标准体系，深化粤港澳大湾区绿色金融合作，推进绿色金融人才队伍建设，加强绿色金融发展风险防范。

一　提高推动绿色金融发展认识

大力发展绿色金融，是支持经济社会绿色发展、实现碳达峰碳中和目标的客观要求，也是金融业自身转型实现绿色发展的必然选择。要充分认识发展绿色金融的意义，积极促进绿色金融发展。一是联合新闻媒体积极主动宣传绿色金融。把握国家绿色发展战略和实现碳达峰碳中和目标意义，提升对发展绿色金融理解和认识，讲好绿色金融发展的必要性、现实性意义，认真总结地方绿色金融实践经验，做好经验宣传推广工作，扩大绿色金融覆盖面，提升绿色金融影响力。二是引导金融机构及时主动学习和吸收绿色金融最新研究成果，鼓励金融机构做好人才储备和技术储备，把绿色金融要素纳入金融机构考虑指标体系，推进绿色金融实践。三是积极引导金融机构和社会资本退出"两高一剩"产业，支持绿色产业发展，增强绿色产业竞争力，主动接轨国际绿色标准，提升广州绿色金融核心竞争力。四是加强理论探讨，为绿色金融的发展创造动力，从政策制定和技术研究等方面为绿色金融的发展提供理论指导。五是培育绿色消费观念。践行绿色发展理念，培育消费者的绿色消费观念，营造绿色消费氛围，形成绿色消费潮流，引导市场绿色发展预期，激发市场绿色发展潜力。

二　支持建设绿色金融发展服务体系

一是加大支持建设绿色金融专业服务机构的力度。支持市场主体设立绿色金融专营机构，统筹绿色金融产品研发、市场营销与推广、客户服务等，提升绿色项目或绿色企业运营效率。二是推动建设绿色金融综合服务平台，构建一体化信息化服务平台，将工商、税务、人力资源和社会保障、科技、工业和信息化等服务部门依次接入，为绿色企业或绿色项目提供全方位服务。通过利用大数据、云计算、人工智能等新一代信息技术打造全新全流程电子信息系统，为绿色企业绿色项目提供高效的一网通的政务服务。探索利用资本市场支持绿色企业做大做强，拓宽绿色企业融资渠道。三是进一步培育和引进绿色金融高层次人才。金融机构应加快培育与引进绿色金融复合型人才，为广州绿色金融改革创新试验区建设提供智力支持。

三　完善绿色金融配套措施及激励机制

一是充分利用财政税收手段，加大财税等政策扶持绿色金融发展力度，适当倾斜财力、物力和人力资源加快培育绿色金融组织体系，支持建立新型绿色金融机构，提升绿色金融服务水平。提高绿色项目或企业营利性与可持续性，稳定市场绿色发展预期。二是鼓励私募股权投资基金支持绿色项目和绿色企业发展，包括设立绿色投资基金、绿色风险投资基金或私募基金等。优化绿色投资的风险分担机制。建立由广州地方财政和社会资金合作的绿色担保基金，基金结构可以采用包括优先、劣后的结构化设计，支持基金与其他金融机构建立合作，探索融资担保机制，保障绿色基金投资项目的商业可持续性。三是制定地方性法律法规，针对环境保护重点领域实施环境污染强制责任保险，支持保险机构在产品与服务方面加大创新力度，向上述领域内企业或个人提供个性化、专业化的保险服务。

四　创新绿色金融产品与服务

一是加大绿色金融产品与服务创新力度。引导绿色信贷、绿色债券、绿色保险、碳期货等绿色金融业务创新，拓宽绿色企业融资渠道，引导和激励绿色资金投入绿色产业发展。不断完善商业银行绿色信贷机制，在信贷业务的决策、流程管理、产品设计等过程中，加入绿色发展理念；支持银行业金融机构开展新能源汽车贷款、绿色建筑融资等资源节约型或环境友好型绿色信贷业务。支持符合条件的绿色企业利用多层次资本市场上市融资和再融资，推动绿色企业赴境外上市。鼓励证券机构承销绿色债券，完善绿色债券认证体系，支持符合条件的金融机构或绿色企业公开发行碳达峰债、碳中和债、气候债和其他绿色债券，引导资金投入碳达峰碳中和等低碳绿色领域。鼓励地方金融机构开展绿色金融业务，支持融资租赁、融资担保、商业保理等创新业务，开展特色的绿色金融服务。支持社会资本成立各类绿色基金，如绿色产业担保基金、绿色股权基金等，围绕绿色产业、绿色企业、绿色项目引入担保或私募股权资金。

鼓励绿色金融 + 投贷联动创新，探索开展排污权、用能权、水权等环境权益交易，支持碳配额回购融资、森林经营性碳汇与造林碳汇的生态补偿等碳金融业务创新，深入推进碳排放权交易试点工作。支持利用广州期货交易所试点开展碳期货、碳远期等碳金融衍生产品交易，通过市场机制推动绿色金融衍生产品创新。二是提升绿色金融产品的丰富性和覆盖范围。当前绿色金融仅覆盖大型绿色项目和绿色企业，可以将绿色金融逐步扩展至中小型绿色项目和绿色企业，扩大绿色金融产品覆盖面。创新推出支持低碳环保、节约能源，减少温室气体排放等专项贷款等绿色信贷业务，研发适合绿色、时尚、生态、休闲、娱乐、旅游等应用场景的绿色信贷产品。盘活绿色信贷资产，支持绿色信贷资产证券化，提升能源管理和环境服务融资便利化，鼓励依托未来环境权益收益为抵押的各类信贷产品创新。在资产证券化、碳金融衍生品等方面进一步创新并继续扩大其覆盖范围。创新绿色保险产品。借鉴国际经验，完善相关法律法规，明确标准，探索目录式管理，争取环境污染责任保险强制试点，结合特色产业创新开展新型绿色保险产品。以金融创新推动绿色产品市场发展与传统制造业等转型升级，以发展绿色环保产品推动消费升级。降低准入门槛，放开不合理限制，加快培育绿色金融市场主体，推动非银行类金融组织开展绿色金融业务。

五 深化粤港澳大湾区绿色金融合作

一是探索在粤港澳大湾区构建统一的绿色金融相关标准。在绿色认证标准、绿色金融产品标准、绿色信息披露标准等方面加强沟通协调，主动对接国际先进绿色金融标准体系，兼顾穗港澳三地标准体系差异，推动绿色金融相关标准互认互通，逐步建立和完善绿色金融相关标准体系。构建金融机构和企业环境信息披露机制，完善环境评价审批制度，健全环境影响的评价体系。加快推广绿色企业及项目标准，鼓励在穗企业、金融机构和认证机构采用香港绿色债券、绿色及可持续银行、负责任投资等标准。支持在穗绿色企业或绿色项目赴港澳发行绿色债券等进行融资，鼓励港澳金融机构赴大湾区各地开展绿色金融业务，为内地绿色环保产业发展提供融资服务。二是加快大湾区绿色金融信息互通互享。打造大湾区绿色金融信息共享互通平台，促进绿色项目或绿色企业有效对接，利用信息共享平台和完善信息共享机制，积极构建大湾区绿色金融融资对接平台，推动大湾区绿色低碳产业发展。三是推动绿色金融中介服务发展。加强粤港澳三地绿色金融中介服务机构发展，推动港澳第三方绿色认证机构、绿色信用评级机构、碳核算机构、碳资产评估机构等赴大湾区设立地区总部。四是推动大湾区绿色金融市场互联互通。推动大湾区绿色金融产品对接，探索建立大湾区绿色信贷中心，试点人民币绿色债券境外发行，支持粤港澳金融机构跨境设立分支机构、成立合资机构和开展业务，加快湾区绿色金融市场多向开放进程，鼓励港澳股权投资机构赴广州设立绿色产业基金等专业化机构。五是推进湾区国际化对外交流。进一步加强国际交流合作，积极分享湾区绿色金融理论和实践成果，推动绿色金融研究水平提升及成果转化，营造良好的发展氛围。加强区域间、国家间的经验交流和合作，与国际多边金融机构、研究机构、非营利组织等加强合作，加强与国际市场衔接与交流。推动企业在国际市场上市融资。支持港澳私募投资机构赴大湾区积极开展绿色私募股权投资或绿色创业投资。六是加强绿色金融监管协调，促进湾区绿色金融监管领域合作与协调。加强监管能力建设，通过绿色金融监管的合作与互联互通，防范跨境"洗绿"风险。在粤港澳大湾区建立合规、透明的环境信息披露制度。加快研究构建有利于三地绿色金融发展的行业规范制度，推动三地制度衔接与互动，为大湾区绿色金融持续健康发展，打造有序的市场环境。

六　建立健全绿色金融信息披露机制

一是建立绿色金融信息共享制度。从环境保护、绿色债券、权益资源等绿色金融涵盖的方面入手，构建信息共享机制，积极搭建信息共享平台，充分利用最新数字技术手段，如区块链、大数据等技术，打造全面智能化绿色金融信息共享系统。建立广州地区的金融机构、金融监管、环保等部门之间的数据共享与信息联动机制，达到及时交互和分享绿色项目和绿色企业环境信息等数据资源的目的，促进各个部门协作。对环境污染和环境保护重点领域相关产业企业或项目，涉及的环境信息、企业信息、生产安全、环境违规违法记录等信息统一纳入共享平台，建立全面、真实、准确反映企业或项目环境信息，为环境信息或数据使用方提供有效信息来源。二是完善金融机构及上市企业环境信息披露，加强环境信息披露的全面性与实践性。规范财务信息披露标准，针对企业绿色信息设置绿色会计科目，统一披露标准和目录，提高财务报表披露绿色信息质量，以增强绿色财务信息披露的可比性、真实性和有效性，为环境评估、审计提供基础。加强考核评价机制，建立和落实环境信息强制披露制度，建立对符合条件的金融机构或绿色企业给予融资优惠等激励机制，推动加快绿色转型。三是加强环境信息披露法治化建设。落实环境国家监管标准，对误导性陈述或重大遗漏披露的企业处以严惩重罚。充分利用新兴科技手段，提升监督管理能力。完善畅通新闻媒体等对企业环境信息披露监督机制。

七 推进绿色金融人才队伍建设

人才因素是绿色金融发展的核心续航力。唯有将产、学、研三者结合，才能打造资源、人才、信息的"三流合一"为广州绿色金融的发展提供源源不竭的动力。一是启动绿色金融人才培养计划。培训绿色金融从业者，并且积极促进高校与从业机构合作，提高教学质量，让授业者能学习到实践经验，为绿色金融培育更多高水平人才。二是积极引进优秀人才。加强国际交流与合作，瞄准绿色金融领域高层次人才，采取"留智"和"引智"双重策略，及时补充急缺的复合型专业人才。三是重点培育专业技术骨干。积极扶持符合条件的专业技术骨干，申请广州金融高层次人才相关优惠政策和待遇。四是加强政府、机构与平台对人才引进相关扶持政策的衔接。五是组织专家学者成立专家委员会，重点针对绿色金融的规章制度和准则进行独立审计和评价，建立绿色金融项目和投资的筛选框架，为广州绿色金融发展提供指导。六是深化绿色金融研究。加强高校、研究机构与绿色金融从业者的合作，针对广州绿色金融发展，开展创新研究，为决策提供服务。

八 加强绿色金融发展风险防范

避免出现"洗绿"风险，是绿色金融急需解决的一个重要问题，特别是如何实现对资本流动的有效管理，将从根本上影响到每一笔"绿色金融"是否真正发挥效用。一是设立绿色投资评估制度。要落实金融机构的责任，要求金融机构建立绿色投资评价体系，对投资项目进行投前评价和投后管理，明确绿色投资评价的项目规模、类型和评价内容。对金融机构贷款或股权投资项目破坏生态环境的，除对投资项目进行投资前评估和投资后管理的要求外，还应给予处罚，进一步强化金融机构的主体责任。二是建立环境信息披露机制。环境信息披露是构建绿色金融体系的重要组成部分。目前，中国环境信息公开程度低，标准不统一，不能适应绿色金融的发展需要。因此，应明确环境信息披露标准，以及规范环境信息披露的形式、内容、时间和方式，以及明确未按规定披露环境信息的企业的法律责任，约束绿色金融相关从业者披露环境信息行为。三是及时出台监管措施，防范风险事件发生。要及时采取措施，禁止将没有绿色特色的金融产品推向市场，防范某些金融机构假借绿色金融名义对外推销相关金融产品，禁止有关单位以绿色融资的名义为无绿色特色的企业或项目申请绿色资金，严禁认证评级机构对无绿色特色的企业或项目出具绿色认证报告或绿色评级报告，为发展绿色金融提供更加全面的制度保障。

参考文献

一 著作

查尔斯·科尔斯塔德：《环境经济学》，中国人民大学出版社
  2016 年版。

广州市地方金融监督管理局编：《广州金融发展形势与发展
  2020》，广州出版社 2020 年版。

蓝虹：《环境金融新论：体系与机制》，中国金融出版社 2018
  年版。

马俊、安国俊：《构建支持绿色技术创新的金融服务体系》，中
  国金融出版社 2020 年版。

马中、周月秋：《中国绿色金融发展报告（2019）》，中国金融
  出版社 2019 年版。

束兰根、顾蔚编：《绿色金融基础读本》，南京大学出版社 2020
  年版。

王波：《我国绿色金融发展的长效机制研究（2019）》，企业管
  理出版社 2019 年版。

赵峥、袁祥飞、于晓龙：《绿色发展与绿色金融——理论、政策
  与案例》，经济管理出版社 2017 年版。

二 期刊

安国俊：《绿色基金发展的国际借鉴》，《中国金融》2016 年第

16 期。

安同信、侯效敏、杨杨：《中国绿色金融发展的理论内涵与实现
　　路径研究》，《东岳论丛》2017 年第 6 期。

安伟：《绿色金融的内涵、机理和实践初探》，《经济经纬》
　　2008 年第 5 期。

杜莉、张鑫：《绿色金融、社会责任与国有商业银行的行为选
　　择》，《吉林大学社会科学学报》2012 年第 5 期。

方灏、马中：《论环境金融的内涵及外延》，《生态经济》（中文
　　版）2010 年第 9 期。

高清霞、吴青莹：《我国商业银行发展绿色金融的问题及对策研
　　究》，《环境与可持续发展》2016 年第 1 期。

蓝虹、刘朝晖：《PPP 创新模式：PPP 环保产业基金》，《环境保
　　护》2015 年第 2 期。

蓝虹、任子平：《建构以 PPP 环保产业基金为基础的绿色金融创
　　新体系》，《环境保护》2015 年第 8 期。

李美洲、胥爱欢、邓伟平：《美国州政府支持绿色金融发展的主
　　要做法及对我国的启示》，《西南金融》2017 年第 3 期。

马骏：《论构建中国绿色金融体系》，《金融论坛》2015 年第
　　5 期。

马骏：《推进金融机构环境风险分析》，《中国金融》2018 年第 2
　　期。

麦均洪、徐枫：《基于联合分析的我国绿色金融影响因素研究》，
　　《宏观经济研究》2015 年第 5 期。

任辉：《环境保护、可持续发展与绿色金融体系构建》，《现代经
　　济探讨》2009 年第 10 期。

王朝弟、赵滨、吕苏越：《基于演化博弈视角的绿色信贷实施机
　　制研究》，《金融监管研究》2012 年第 6 期。

王文、曹明弟：《绿色金融与"一带一路"》，《中国金融》2016

年第 16 期。

王玉婧、江航翔：《环境风险与绿色金融》，《天津商学院学报》
　　2006 年第 6 期。

翁智雄、葛察忠、段显明、龙凤：《国内外绿色金融产品对比研
　　究》，《中国人口·资源与环境》2015 年第 6 期。

西南财经大学发展研究院、环保部环境与经济政策研究中心课
　　题组、李晓西、夏光、蔡宁：《绿色金融与可持续发展》，《金
　　融论坛》2015 年第 10 期。

熊惠平：《绿色信贷新论：透视公司社会责任思想的演化》，《河
　　南金融管理干部学院学报》2008 年第 2 期。

杨海珍、李妍：《可持续金融的国际实践》，《中国金融》2016
　　年第 24 期。

于永达、郭沛源：《金融业促进可持续发展的研究与实践》，《环
　　境保护》2003 年第 12 期。

张云：《论英国绿色投资银行（GIB）的发展借鉴》，《齐齐哈尔
　　大学学报》（哲学社会科学版）2015 年第 6 期。

朱红伟：《"绿色信贷"与信贷投资中的环境风险》，《华北金
　　融》2008 年第 5 期。

朱文忠：《国外商业银行社会责任的良好表现与借鉴》，《国际经
　　贸探索》2006 年第 4 期。

　　三　论文

倪宇霞：《美国绿色金融制度研究》，硕士学位论文，湖南师范
　　大学，2011 年。

栾晏：《发达国家和发展中国家能源消费与碳排放控制研究》，
　　博士学位论文，吉林大学，2015 年。

四 英文

Bert Scholtens, Lammertjan Dam, "Banking on the Equator. Are Banks that Adopted the Equator Principles Different from Non – Adopters?", *World Development*, Vol. 35, No. 8, 2006.

Chen Y., Ebenstein A., Greenstone M., et al., "Evidence on the impact of sustained exposure to air pollution on life expectancy from China's Huai River policy", *Proceedings of the National Academy of Sciences*, 2013.

Cowan, E., "Topical Issues in Environmental Finance", *EEPSEA Special & Technical Paper*, Vol. 43, No. 3, 1998.

Labatt S., White R. R., "Environmental finance: a guide to environmental risk assessment and financial products", *John Wiley & Sons*, 2003.

Jeucken M., "Sustainable finance and banking: The financial sector and the future of the planet", *Earthscan*, 2010.

Ralph Chami, Thomas F. Cosimano, Connel Fullenkamp, "Managing ethical risk: How investing in ethics adds value", *Journal of Banking and Finance*, Vol. 26, No. 9, 2002.

Salazar, J., "Environmental Finance: Linking Two Worlds", *Presented at a workshop on Financial Innovations for Biodiversity Bratislava*, Slovakia, 1998.

Salazar J., "Environmental finance: linking two world", *a Workshop on Financial Innovations for Biodiversity Bratislav*, Vol. 20, No. 1, 1998.

Schäfer L., Waters E., Kreft S., et al., "Making climate risk insurance work for the most vulnerable: seven guiding principles", *United Nations University Institute for Environment and Human Se-*

curity (*UNU – EHS*) , 2016.

Scholtens B. , "Finance as a driver of corporate social responsibili-ty", *Journal of business ethics*, Vol. 68 , No. 1 , 2006.

Sonia Labatt, Rodney R. White, "Carbon Finance: The Financial Implications of Climate Change", 2015.